MERECEMOS SER FELICES

Alberto Alvarado

Publicado por Ibukku
www.ibukku.com
Diseño y maquetación: Índigo Estudio Gráfico
Copyright © 2020 Alberto Alvarado
ISBN Paperback: 978-1-64086-760-4
ISBN eBook: 978-1-64086-761-1

Índice

LOGRO Y FELICIDAD   5

LA BUENA NOTICIA   11

EN BUSCA DE LA EXCELENCIA   17

LA BUENA NOTICIA DE LA GRACIA   21

HACER ALGO   35

BUSCANDO LA AUTORREALIZACIÓN   41

DESHACERNOS DEL MIEDO   49

REPARANDO NUESTRA ALMA   57

EL MODO DE VIVIR LA VIDA PLENA   63

LA VIDA EN ABUNDANCIA   69

AUNQUE HAYA UNO   81

LUCES EN MEDIO DE LAS TINIEBLAS   85

ARRANCÁNDOLE AL FUTURO LA ESPERANZA   89

UNA NUEVA VISIÓN DE LA VIDA   93

CUANDO LA VIDA TIENE UN PROPÓSITO   101

LA FRUSTRACIÓN PARECE LA NORMA   109

CONSEJERÍA ESPIRITUAL   113

LA TERAPIA DEL DESPERTAR   121

EDUCADOS PARA LA LIBERTAD   133

LOS ODRES   139

VAMPIROS DE EMOCIONES   145

COMO LA GAVIOTA   149

LA COMUNICACIÓN COMO ARTE DE LA FELICIDAD   153

RECOBRANDO LA HUMANIDAD   157

DEBILIDAD Y FUERZA   161

VIVIR SIN TEMOR   163

LA NUEVA CANCIÓN   165

LA BUENA NOTICIA NO ES UN MITO   169

MERECEMOS LA FELICIDAD   171

AYUDE A SU DESTINO   175

HIPOTECANDO EL FUTURO   179

VIVIENDO CON LA BUENA NOTICIA   183

LA VOLUNTAD DE HACER ALGO   187

NACIDOS PARA EL TRIUNFO   195

DETRÁS DE LA FACHADA   199

ACABEMOS CON LA INDIFERENCIA   209

LOS MITOS MODERNOS   211

LA FAMILIA ES LA PRIORIDAD   215

LIBRES PARA AMAR   219

LOGRO Y FELICIDAD

Estos conceptos pueden significar un sin número de cosas tales como un estado mental eufórico, un sentimiento de bienestar o de placer, o quizás la satisfacción de ciertas necesidades del cuerpo y del alma. Sin embargo esta misma euforia puede ser producida por fármacos, tóxicos, o en el peor de los casos por venganza, sadismo o masoquismo. Para un adicto a las drogas o para un alcohólico su adicción va asociada a "la felicidad". Hay patrones de conducta como las observadas en los asesinos en serie quienes experimentan placer de ver sufrir a sus víctimas. Se han publicado informes de asesinatos que han ocurrido como parte de una diversión. Los sicarios experimentan estas mismas sensaciones al ver cómo se contorsionan sus víctimas.

En un periódico local se realizaron sendas entrevistas a personas encarceladas acusadas de asesinato y ellos testificaron cómo les alegraba ver el sufrimiento y el dolor de sus víctimas. Como señalamos, la venganza produce en algunos este mismo sentimiento de euforia. Sus "logros" son identificados con la "felicidad". El problema es saber si esta "felicidad" sentimiento o placer construye, edifica y sana el espíritu y el cuerpo de los individuos o de los demás. Es obvio que no. Cuando ganamos un premio se experimenta también este mismo insumo de "elevación" y de triunfo. Adquirir un auto nuevo, la velocidad o sacarse la lotería. Consumir platos exquisitos por el solo hecho de saborearlos es enormemente placentero aunque a la larga puede acarrear serios problemas de salud. La glotonería es la causa de muchas enfermedades tales como la obesidad mórbida, que a su vez provocan problemas con la presión sanguínea, la diabetes crónica o el cáncer. Obtener un puesto en los medios políticos o religiosos, cuando la persona se siente "elevada" y nada es tan importante como gozar del preciado momento. Lo mismo sucede con los vicios. Recuerdo una vez que le pregunté a un alcohólico sobre el porqué de su adicción. Me ripostó a su vez si yo no bebía licor. Al responderle que no, me dijo con cierta ironía: "Te estás perdiendo el paraíso." Para este borracho el narcótico le producía un estado de "bienestar" que él claramente identificaba con la felicidad. Por eso los "sentimientos" no son confiables y a largo o tal vez a corto alcance lo mismo que causa placer puede ocasionar dolor y sufrimiento. La adicción al alcohol puede desembocar en cirrosis del hígado o en daños permanentes a órganos vitales como el estómago y el esófago. Por otro lado, la venganza que causó placer al principio, después se convierte en un vacío existencial que la propia persona no puede explicar. Esto ocurre si la persona susodicha todavía conserva un ápice de conciencia. Otro vicio que causa "placer" es el humo del cigarrillo que produce una especie de "delicia" en el cuerpo muchas veces termina en cáncer del pulmón o enfisema. He escuchado a muchos viciosos usar la expresión manida y poco racional como la siguiente: "de algo tenemos que morir".

Es verdad que de algo tenemos que morir pero no necesariamente de una enfermedad crónica o con un dolor incontrolable. Otra vez reprendí a un individuo en un accidente automovilístico quien usó estas mismas palabras con cierto sarcasmo: "De algo tenemos que morir". El ignorante se sonreía al ver cuerpos tirados en la carretera, contorsionándose de dolor y otros desmayados por el fuerte impacto del accidente. La expresión de su rostro dejaba mucho que desear. Lo interesante y paradójico del caso es que podemos morir sonriendo como muchos cristianos han perecido. A veces suele ser nuestra decisión elegir cómo nos vamos de este mundo. Estoy consciente de que generalmente esto no pasa, pero la prevención sigue siendo nuestra mejor arma. Mi esposa y yo frecuentamos la casa de una amiga que por más que se cuidó (era vegana) se enfermó de un cáncer mortal que la mató en cuestión de semanas. Esto sucede. Pero no es una excusa para descuidarnos. Recuerdo una consulta médica de rutina. El doctor me preguntó las causas del deceso de mis padres. Le contesté que ambos murieron de un fallo del corazón.

Enseguida me espetó crudamente: ¡Tú vas a morir del corazón! Es posible que así sea por causas genéticas, pero no necesariamente uno debe fallecer de ese modo como el galeno predijo. En primer lugar porque pienso que Dios determina el día y la hora en que partiremos los creyentes y segundo porque trato de evitar en lo posible aquellos vicios o descuidos que afecten mi salud. De esto hablaba Cristo al referirse a vivir con abundancia. ¿Abundancia de qué? ¿Qué quiso decir el Maestro con vida abundante? La vida se opone a la muerte por lo que es obvio que lo que causa un deceso o destrucción no puede considerarse "felicidad" y menos un "logro". La vida por definición es movimiento, es crecimiento y producción. Nada de esto se consigue con los "placeres" mencionados. La "abundancia" igualmente sugiere movilidad, extensión y energía. Son compatibles, son idóneos, son el uno para el otro. La vida en abundancia significa bienestar, paz, seguridad, libertad. Algunos piensan que Jesús con sus palabras hablaba de la vida eterna. Es posible que incluya la idea. Pero el contexto es claro. Se refería a esta vida, nuestra vida, cuando se cumple un propósito. Porque Él afirma: "Yo he venido" (tiempo presente) esto significa que es para ahora y desde ahora, en este momento histórico y preciso. Desde ahora podemos gozar de esa vida abundante. Desde ahora puedo contemplar el horizonte de mi existir con un propósito definido en afinidad con las oportunidades de éxito y de triunfo. Lograr la paz con Dios mediante la aceptación de la obra vicaria de Cristo, sus enseñanzas llevadas a la práctica producen ese bienestar de reparación del alma. En palabras sencillas: aceptar a Cristo como Señor de nuestra vida es poner la fe en acción y creer que esa vida abundante es para mí, aquí y ahora. Siendo nuestro representante y sustituto tanto en su vivir como en su morir, Cristo nos conduce a la paz con Dios.

Este es el fundamento de una vida en felicidad. No puede haber armonía con la vida estando en guerra con Dios. La felicidad en sí misma no puede darse sin la aceptación por la fe de que Dios nos recibe como lo hizo con Cristo. Voy a repetirlo hasta el cansancio debido a que muchos librepensadores contradicen las claras enseñanzas bíblicas. Me entristece decirlo pero las interpretaciones erróneas del evangelio pueden causar más infelicidad que gozo. En la historia del pensamiento cristiano se aprecian con amargura los estragos que causan las diferencias de pensamiento y de interpretación cuando existe la intolerancia. A muchos buenos cristianos les costó la vida que pretendían alcanzar. Hoy día suceden cosas similares en países con intolerancia religiosa que no respetan la diversidad de opiniones. Hay dirigentes que exigen prácticas minuciosas y baladíes, que amargan, más que edifican, el carácter de los creyentes. Se podría decir, sin temor a equivocarnos, que muchas de estas exigencias producen desequilibrios mentales como ansiedad y desesperación. Aquí analizaremos a nuestro juicio el verdadero propósito de la existencia que exige un compromiso sincero con el evangelio como una buena noticia. La buena noticia de que se puede alcanzar la vida en abundancia a partir de este momento. Por supuesto que quienes se entregan fanáticamente a estas prácticas defenderán su eficacia, pero de cualquier modo, muy en el fondo, comprenderán la inutilidad de las mismas para alcanzar la felicidad. El propio Martín Lutero fue víctima de sus creencias fanáticas, al punto de la desesperación. Sus biógrafos indican que después de los eventos de la reforma enfermó y murió a causa de los constantes ayunos que realizó cuando era monje, en su búsqueda "de la verdad". Todo esto ocurrió porque no entendía- al principio de su búsqueda- el evangelio como una buena noticia. Cuando pudo comprender que para entablar una relación con Dios sólo necesitaba tener fe en la obra de Jesucristo entonces llegó al descanso.

¡Algo tan sencillo, tan radicalmente sencillo, muchos teólogos lo han complicado al punto de hacerlo irreconocible!. La historia está llena de ejemplos de esta clase. La razón es obvia, se persiguen intereses egoístas, intereses políticos, intereses personales, ya sea para lograr fama o cualquier finalidad de lucro. Por nuestra parte buscamos entender el propósito y finalidad de nuestras vidas, para vivirla con abundancia de felicidad y de sentido.

Si no aclaramos la naturaleza del evangelio como la buena noticia de parte de Dios, su propósito y objetivo, las enseñanzas de Cristo podrían considerarse una ley más estricta y por ello más condenatoria que la promulgada por Moisés. Por ejemplo, si antes matar físicamente a una persona era malo, decirle necio (Nuevo testamento) es igual de pecaminoso para Dios. (Mateo 5:21). La injuria contra una persona es considerada por Cristo como un asesinato. ¿Quién puede ser feliz bajo la sombra de amenazas como éstas?. El pecado en el pensamiento es considerado por nuestro Señor bajo el mismo nivel que el acto físico.

Lo mismo ocurre con el pecado del adulterio. Desear a una mujer en el Corazón es visto, según lo enseñado por Jesús-tan odioso como hacerlo en la "práctica" (Mateo 5.27). De ahí que pensar que podemos lograr satisfacer las demandas de una ley tan exigente con nuestros recursos es una quimera que puede conducirnos a más infelicidad. El remedio entonces es vivir el evangelio como la buena noticia de que nuestro Representante (Cristo) lo hizo por nosotros. Nos acerca a Dios con su obra que es su vida. Esto es una buena noticia. Esta noticia nos llena de esperanza desde ahora y nos invita a aproximarnos cada vez más al camino del éxito y la felicidad. En los próximos capítulos estaremos explicando el alcance de lo que esto significa.

¿Qué hacer?

1. Crea que aceptando la buena noticia el Señor le lleva a la paz

2. Mantenga una actitud de humildad a lo largo de su vida
3. Mantenga la idea de que la felicidad la identificamos con la paz
4. Nunca pretenda el perfeccionismo sino la excelencia
5. La excelencia es lo mejor que puedo hacer dentro de mis límites
6. No confunda el perfeccionismo con la excelencia
7. Imite a Jesús: la actitud de Cristo siempre fue de humildad

LA BUENA NOTICIA

Es necesario insistir en la definición de la buena noticia porque es el fundamento de una vida llena de paz y seguridad. Cristo no inventó una ley nueva, sólo la interpretó. Pero cuanto predicaba era ley, las cuales seguían siendo mandatos y más mandatos. No es una buena noticia imponer mayores imposiciones a la atribulada condición del hombre. Ni tampoco es para nosotros los creyentes agobiados por necesidades espirituales, emocionales y físicas. Entendamos esto: el evangelio es esperanza, es alegría, es propósito. No es ley en el sentido estricto de la palabra. La función de Cristo es ésta: garantizarnos la vida. Mediante la suya, cumple con los mandatos que él mismo anuncia en representación nuestra. Con su muerte cargó con nuestros pecados y cuando resucita nos está comunicando que hemos sido aceptados por el Padre. En otras palabras: Una vida plena en conformidad con las exigencias divinas (el cumplimiento perfecto de la ley) una muerte vicaria de representación en la que se jugaba el destino de la humanidad, una resurrección de vida cuya vigencia nos asegura la nuestra. La obra realizada por El constituye el monumento de la gracia. Lo que Cristo hizo se nos imputa como si lo hubiéramos hecho nosotros. Imputar es acreditar. Esto pasa cuando lo creemos. ¡Éstas son buenas noticias!

Nuestra fe se apropia de la justicia de Jesús (se nos acredita). La fe se apropia de esa ofrenda, la hace suya, la presenta ante el Padre, y éste la acepta. Tal es la buena noticia que se llama evangelio. De aquí en adelante todo análisis nuestro estará fundamentado en esta premisa. Declaramos que la buena noticia impacta de tal forma, con tal fuerza, que transforma la vida, nuestro destino, nuestra mente. Una vez que la hemos recibido y aceptado nada de cuanto apreciamos queda igual. Los ojos miran de otra forma, el lenguaje cambia, los gestos de la cara, aparece la sonrisa como una flor en un jardín y hasta la manera de caminar se transforma, porque es como si hubiéramos recibido un rayo de luz y de energía. De una forma radical Pablo lo llama Nuevo Nacimiento. Entonces, sólo entonces la ley del Nuevo Testamento pasa a ser parte de la gracia. Entonces el Espíritu Santo se encarga de hacer nacer virtualmente los frutos que anteceden el reino. Ya no se trata de cumplir con unas reglas rígidas y estrictas, basados en mandatos que van más allá de nuestra fuerza, sino que nacen de un corazón ablandado, impactado, agradecido y deseoso de amar.

El amor de Dios lo impregna todo. Los mandamientos son parte de nuestra vida y nuestro deseo inmediato es intentar obedecerlos. La alegría y el gozo son los frutos que siguen a nuestra obediencia. Perdonar ya no es un asunto de la voluntad ni del esfuerzo, sino un asunto del corazón. Entendemos por corazón nuestra inclinación hacia los sentimientos de amor y fidelidad. Todos sabemos que cuando uno camina al lado de otro y mayormente si uno admira a esa persona suele "pegarse" sus gestos, su manera de hablar y hasta su forma de caminar. Lo mismo ocurre cuando estamos al lado del Señor. Queremos, anhelamos parecernos a nuestro Maestro, pensar como Él pensaba, amar como él amaba, hablar como él hablaba. Quisiera insistir en esto.

No se trata de un cambio de naturaleza, menos de una alteración de la Esencia personal. Es una cosmovisión evangélica, porque es la manera en que de ahora en adelante contemplamos el mundo. Comenzamos a odiar la maldad, a decir la verdad, a combatir la injusticia. Nos ofrendamos a nosotros mismos como hizo Cristo con su cuerpo. Todo esto suena como un ideal o como una utopía. Pero no lo es. O quizás lo es para quien no ha comprendido la magnitud de lo que representa la ofrenda de Jesús, o para quien sólo busca una relación teórica o intelectual del programa divino. Ver el evangelio de esta forma es no sufrir el verdadero impacto de la comunión con Dios. En mi caso, puse mi vida a disposición del Señor a una edad muy temprana.

Tenía unos quince años. Recuerdo como ahora que mi profesión de fe fue muy sincera. El día de la consagración pronuncié estas palabras que conservo en mi mente hasta el día de hoy: te entrego mi corazón y te serviré para siempre. Al recibir el bautismo del agua pensé que mi vida cambiaría como aquí lo imaginaba. Pienso que el bautismo es efectivo cuando se hace con fe. Del agua sólo sale uno mojado si se considera como un mero ritual. Pronto me convencí de que las cosas no eran como yo las pensaba. En la Biblia el trigo y la cizaña crecen juntos.

El trigo es el creyente que de todo corazón quiere servir a Dios y al prójimo. La cizaña es la gente insincera, que viene al mundo religioso con otros intereses. Encontré a mi paso toda clase de personas, unos entregados con humildad de corazón al Dios del cielo y otros apegados a lo material, con temores del futuro y cuestiones banales. Escuchaba "cristianos" diciendo que en el mundo secular estaban mejor, percibía sus vidas en derrota, siempre en las mismas, con pensamientos oscuros y negativos. Por más sabios que parecieran estos "hermanos" no conocían el significado de la buena noticia. De aquí en adelante me convertí en un peregrino en busca de la perla escondida. Me percaté además de que la mayoría de las personas en la congregación no parecían entender el significado profundo de la palabra evangelio como la buena noticia.

Yo mismo me encontraba confundido. Pero intuía en lo profundo de mí que debía haber más de lo que se decía en los púlpitos de los templos. La vida cristiana tenía que ser algo más que una mera ética. En ese peregrinar, parecido a Israel, estuve metido como en un desierto. Yo me preguntaba: si los cristianos viven en derrota como "los de afuera" ¿para qué perder el tiempo dentro? Si no encontraba lo que buscaba en medio de la comunidad de fe no había ninguna razón para permanecer allí. Entonces me consolaba pensando que las iglesias de algún modo cumplían un rol social importante. Como alegan los estudiosos del comportamiento social el rol de los grupos que practican una fe comunal conduce a sus fieles a practicar una moral que por lo menos frena los impulsos de los malvados. Es decir, se cumple con una ley natural que sirve a los propósitos del estado. ¿Pero es esto suficiente? ¿Tenía que conformarme con algo que podía realizar cualquier ética?. Libros de moral existen en todas partes. Por ejemplo, en la universidad estudié la ética de Aristóteles, y la crítica de la razón práctica de Immanuel Kant. La base fundamental del pensamiento filosófico es el esfuerzo humano.

Recuerdo vagamente la vez que pregunté a mi abuela cuál era la necesidad de asistir al templo los domingos y su respuesta me condujo a más dudas de las que tenía. Contestó que era un deber de todos hacerlo para satisfacer una necesidad espiritual. Otra vez el deber. Una necesidad espiritual. ¡Pamplinas! ¿Qué significa "deber"? ¿Un impulso del cuerpo, una fuerza de voluntad en contra del deseo de hacer lo que no debo?

Yo no entendí la respuesta de inmediato pero en esos momentos no quise indagar. Era obvio que la respuesta no me satisfizo. La verdad es que nada lo hacía. ¡Me hubiera conformado con sólo calmar mi curiosidad intelectual! Mi hermana mayor me culpaba de ser un fanático de la teoría. Según ella, esa actitud no me dejaba penetrar lo que ella llamaba "los misterios del espíritu". Había que ser "menos intelectual", dejar espacio a la fe. Pensar menos y confiar plenamente en las enseñanzas del director espiritual (quería decir el pastor). Pero para alguien como yo era imposible no analizar las muchas posiciones que consideraba erróneas y carentes de sentido. ¿Qué importancia podría tener para la vida cristiana no poder usar un anillo? ¿O asistir al cine, o vestir de cierta forma? ¿Por qué cada institución religiosa proclamaba poseer la verdad absoluta? ¿Existía una verdad absoluta?

¿Por qué la insistencia de los pensadores religiosos y de los que se sentían "llamados", en auto proclamarse como la voz de Dios? El denominador común más prevaleciente parecía ser eso que llamamos arrogancia. La mayoría de los grupos alegaban tener el depósito de la verdad. La pregunta de Pilato volvía a mi mente: ¿Qué es la verdad? En estas instituciones los mandamientos de Jesús parecían piedras blanqueadas, monumentos muertos y vacíos o museos sepultados por las ruinas. Quiero decir que parecían pocos los que parecían vivir de acuerdo con lo comunicado en los evangelios. La frustración me sobrecoge y a pesar de todo seguía creyendo que el evangelio era algo más de lo que se anunciaba. La lectura de la Biblia me aliviaba. La parábola de la cizaña y el trigo me ayudaba a comprender un poco la situación. ¿Pero dónde estaba el trigo? Todo parecía una selva impenetrable de cizaña. Es difícil distinguir lo bueno de lo malo cuando destaca la oscuridad. En los hechos de los apóstoles se nota una actitud diferente a la que vivimos hoy en día los grupos religiosos. La iglesia primitiva se caracterizaba por el servicio. Vendían lo que tenían y lo repartían entre los necesitados. ¡Se interesan unos por los otros! En general no existía la envidia, ni la indiferencia hacia el bienestar y la necesidad de la gente.

Siempre hubo algunos "listos" que intentaron engañar a los apóstoles. El egoísmo entre los seres humanos no desaparece. Pero eran los menos. La disposición a "dar" tal vez obedecía a la expectación del regreso inminente de Cristo. Al no suceder lo que esperaban —la parusía— se estancó el movimiento al punto de que ya no se reconocía la imagen de lo que fuera la iglesia que presentan los Hechos.

Dicho sea de paso, yo pienso que deberíamos regresar a ese tipo de comunidad "primitiva". Religiosa o secular deberíamos practicar la ayuda mutua. Quiero mencionar de paso la peculiaridad impresionante de algunas comunidades en nuestra época. Hace unos años hice un viaje de turismo a la isla de Aruba y me impresionó lo que nos dijo el guía sobre la práctica en la isla de ayudarse mutuamente. Es algo conmovedor. Los vecinos construyen las viviendas unos a otros. ¡Y ni siquiera dicen ser cristianos! En las comunidades de fe pienso que dicha actitud debiera regresar. El punto es que se ha perdido el sentido práctico de la buena noticia y lo que queda es el esqueleto de una visión miope, que bien presentada pudo haber transformado el mundo entero. A mi juicio, la buena noticia sigue encerrada bajo el almud de las teorías y proposiciones de los filósofos y pensadores, o de la mediocridad y el fanatismo. Debemos entonces conocer a fondo en qué consiste la buena noticia para comenzar a vivirla.

¿Qué hacer?

1. Iniciar la búsqueda de la buena noticia
2. Tomar el consejo de san Pablo sobre dedicarse a la lectura
3. Examinar las cosas que se dicen a la luz del evangelio
4. No es cuestión de cuestionarlo, todo sino de examinarlo todo

EN BUSCA DE LA EXCELENCIA

L a excelencia procede directamente de la buena noticia. Estamos claros que ningún ser humano puede aspirar al ideal supremo de la perfección. Esta categoría pertenece a Dios, y sin embargo podemos aspirar a encontrar una manera que nos lleve al mayor de todos los logros: la realización de nuestra vida como la enseña el evangelio. Dios siempre quiso un pueblo unido a él que fuera un ejemplo para los demás pueblos. Es lamentable que Israel no respondiera al llamado, a ese nivel de excelencia propuesto primero en el pacto del Sinaí y luego a través del pacto de la redención efectuada por Jesucristo. Está meridianamente claro que el segundo pacto cumple con las aspiraciones de un pueblo elegido, mediante el "pago" efectuado por el Redentor. Hay satisfacción con la ofrenda de su Hijo.

Cuando creemos nos apropiamos de la justicia de Cristo. Legalmente ya no le debemos nada a Dios. Esto es, habiendo Cristo pagado por el pecado, los errores y las imperfecciones del pueblo quedan condonados, es decir, ya no se consideran como requisitos para ser aceptados, lo que significa que libremente podemos relacionarnos con la divinidad sin lastre alguno. Somos libres, estamos libres, vivimos en libertad, Pero ¿qué debemos hacer con la libertad? La buena noticia nos convierte en participantes del llamado de Israel hacia la aspiración de un ideal: el del arte de vivir plenamente en un mundo infeliz inmerso en la maldad y en la oscuridad del pecado. Esta aspiración puede notarse con claridad en el drama que presenta san Pablo en el capítulo siete de romanos. La lucha entre lo que somos y lo que queremos ser, van de la mano frente a una conciencia clara de lo que Dios espera de nosotros. Pero lo que Dios espera de nosotros no es forzado, como una ley que prohíbe. Esto se pretendía en el Sinaí, sino como el apacible susurro del Espíritu Santo en el corazón del creyente exhortándolo a buscar la excelencia. Ésta excelencia no es un capricho voluntarioso de Dios, sino que es la raíz o semilla de la paz y la felicidad que tanto buscamos. La buena noticia tiene que ver con la libertad, pero la libertad se convierte en responsabilidad. Esto es básicamente el presupuesto de la madurez y el crecimiento. Ser responsable es ser honesto, es ser libre, afirmando la individualidad y respeto de uno mismo. La "lucha" de romanos 7 lo es en sentido figurado. Porque como dice el gran apóstol al finalizar el capítulo: "doy gracias a Dios por Jesucristo". Dios mediante su Hijo me concede la libertad para ser responsable de mi destino. Anhelo amar a mi prójimo porque me lo exige la voz del corazón, no como impuesto desde arriba. Los mandamientos se han colocado en el corazón y no en las tablas externas de la piedra (Hebreos 8.) Al concebirse de esta forma, la felicidad deja de ser una utopía para convertirse en una realidad de ahora. Obviamente, en abierto contraste con la realidad de un mundo abocado al fracaso cuya meta es el éxito material y la fama.

Es penoso constatar a través de la historia que el evangelio se haya visto como si se tratara del esfuerzo del ser humano por mejorarse. Por este motivo aparecen los monasterios, las penitencias, los que se despiden de las riquezas pensando que así se ganan el cielo. Los ídolos y las reliquias forman parte de ese mundo ideológico centrado en la manía de alcanzar algo que ya fue alcanzado. Los "devotos" dicen sentirse felices alejados del mundo y de la sociedad sin percatarse que la maldad no es algo que yace en lo externo sino que forma parte integrante de nuestra naturaleza. Definitivamente el evangelio no es una moral filosófica o un "imperativo categórico" al estilo kantiano. La maldad en sí misma pierde su poder de sujeción con el llamado del Espíritu hacia la gracia redentora de la buena noticia. Esto es real para un verdadero adorador.

La excelencia es un imperativo del corazón. No es moral fundamentada sobre el miedo o la subyugación. Se trata de la libertad de conciencia en su expresión más amplia. No es un "tengo que hacer" o un esfuerzo de la voluntad, (el famoso deber) para decidir entre lo malo y lo bueno. Es libertad de entrega sin ninguna coacción o miedo. Quiero ser así, deseo ser así, anhelo ser así. El pecado siempre está presente como rémora del alma, cierto, pero pierde mucha de su eficacia frente a la maravilla prominente de la buena noticia. Es decir, quiero que mi lenguaje sea el idioma del amor, del servicio, de la misericordia.

La excelencia es el máximo tributo del amor. Pero no es el amor abstracto o teórico de la palabra sin el corazón, es el corazón movido a la palabra en la que el compromiso es el ancla, un compromiso con la verdad, con la justicia y la misericordia. El cristiano que realmente conoce la buena noticia vive esta experiencia única que es al mismo tiempo un anticipo del reino venidero. Porque el reino de Dios comienza aquí, en nuestra dimensión como un oasis en el desierto de la desolación del pecado. El "querer ser" de romanos 7 actúa poderosamente sobre nuestra conciencia y aunque seguimos aprisionados por las cadenas de la debilidad, aquel basta para orientarnos hacia la ruta que nos propone la buena noticia. ¿Pero por qué no todos los llamados cristianos viven la experiencia de la fe evangélica? ¿Por qué vemos tantas irregularidades en el testimonio de muchos creyentes? La información de esta patología es extensa, documentada en libros, en revistas, en programas de radio, y ahora últimamente en las llamadas redes sociales. Las cosas no aparentan cambiar a pesar de lo mucho que se habla sobre el amor, sobre la justicia, y sobre Dios. La desilusión y el desánimo son como pájaros de mal agüero entre los cristianos legítimos y acontece por desgracia que el pesimismo nos sobrecoge como una noche tenebrosa. ¿Qué hacemos cuando esto ocurre? En los próximos capítulos intentaremos dar respuesta a esta pregunta.

¿Qué hacer?

1. Respire hondo y suavemente
2. Mientras pueda distraerse sanamente, hágalo
3. Escuche música suave de alabanzas
4. Mantenga la fe, mediante la lectura de la Palabra de Dios
5. Siga con la lectura de este libro

LA BUENA NOTICIA DE LA GRACIA

Si nos dejamos llevar por la experiencia de lo que vemos y escuchamos caeremos en la tentación de volver atrás. Sabemos que se trata de un asunto de fe. Esto significa que es vital creerle a Dios y no a las interpretaciones forzadas de pensadores y teólogos. A pesar de las frustraciones y del pesimismo que sobrevienen con respecto a la conducta incorrecta de muchos "hermanos" no obstante es preciso seguir adelante. Como fieles creyentes, pero a la misma vez profundizando en el significado de la buena noticia, al estudiar las Escrituras.

En mi caso me ocurrió como al hombre que encontró Felipe en su camino. El leía a los profetas sin comprenderlos. Intenté obedecer los mandamientos al pie de la letra con la intención de agradar a Dios. A pesar de ello resultaba demasiado difícil conducirse apropiadamente en un mundo tan abrumado por la maldad. Derrotado por las circunstancias, abarrotado de ansiedad y frustración. Concluí que nadie puede ser feliz viviendo así y como es de suponer, estuve a punto de renunciar a todo. Pero el llamado de Dios es difícil de resistir. Comencé a incursionar en la literatura para ver si alguien más pasaba por mi experiencia y encontré que las personas más brillantes no son las más felices. Así que emprendí la aventura.

León Tolstoi

Cuenta Philip Yancey en su libro *El Jesús que nunca conocí* p. 141 sobre las tribulaciones por las que pasó el escritor ruso León Tolstoi, tratando de obedecer literalmente las bienaventuranzas. Este autor cita al biógrafo de Tolstoi, A.N. Wilson y escribe lo siguiente: el famoso escritor "sufrió de una incapacidad teológica fundamental de entender la Encarnación. Su religión fue a fin de cuentas, en un algo de la ley y no de la gracia; un plan para mejorar al hombre y no una visión del Dios que penetra en un mundo caído". Escuche esto: Tolstoi pensaba como yo al principio, que el evangelio no era más que un plan para mejorar al hombre. No sólo Tolstoi ha malinterpretado el Nuevo Testamento en estos términos, sino muchos buenos cristianos quienes siguen viendo las bienaventuranzas del sermón del monte como la nueva ley de Dios y al propio Cristo como otro Moisés. Significa para ellos que Cristo no es otra cosa que un maestro innovador que nos legó una nueva moral, una avanzada ética, con principios y mandatos superiores a los de otras culturas de su tiempo.

Mi posición es ésta: ni Cristo proclamó una nueva ley ni es un nuevo Moisés. Lo que hizo Jesús fue interpretar la eterna ley de su Padre fundamentando ésta sobre una nueva dimensión: la resurrección. O sea que sus enseñanzas son prospectivas, esto es, de cara al futuro. La intención de Jesús no es seguir torturando al pobre ser humano con más exigencias. El desea mostrarnos la naturaleza del carácter del Dios cristiano, la integridad de ese carácter y mostrarnos a su vez que el ser humano no puede por sí mismo cumplir a cabalidad con las normas exigidas. Pero una vez conocida la buena noticia (que dice que Jesus las cumplió en representación nuestra) encontramos la forma de vivir plenamente, con gozo y alegría, sabiendo que no tenemos que llevar la pesada carga de una ley tan exigente. Las bienaventuranzas son un ideal que sólo Cristo logra cumplir. La conclusión de Yancey con respecto al estricto ejercicio que se exige en el sermón del monte es la misma que ahora conozco, a saber: "Lo pronunció para enseñarnos el ideal de Dios hacia el cual debemos esforzarnos siempre y también para mostrarnos que ninguno de nosotros lo alcanzará jamás." (p.145). Esto último sucede como consecuencia de nuestra débil condición humana inclinada hacia el mal. Ese es el asunto.

Otra vez no se puede exigir perfección a un pecador como no se puede pedir chinas a un árbol de manzana. Pero insistimos, esta es la buena noticia: Cristo la alcanzó (la perfección) para nosotros. El autor citado llega a la siguiente conclusión basado precisamente en su anterior hallazgo: "…Jesús pronunció estas palabras no para abrumarnos sino para decirnos cómo es Dios" (p. 144). De acuerdo. Ésta es la razón de tantas y tan elevadas exigencias. Lo que encontramos es que el Dios de Jesucristo es un Dios con una santidad abrumadora. No admite ni el menor pecado ni la menor imperfección, ni el más mínimo fallo. Por eso solamente Cristo cumple con las expectativas como nuestro representante. Tal es la razón por la que únicamente nos exige creer, porque él sí lo logró.

Somos amenazados por enfermedades y complejos personales, enemigos externos y la mayor parte de las veces por la pobreza económica. Ahora bien, ¿Quién puede, bajo estas premisas, ser fiel a un Ser tan exigente? Es lo que nos preguntarnos. Hay personas sinceramente equivocadas que insisten en que podemos lograr cumplir fielmente la ley "con el poder del Espíritu", pero si nosotros podíamos, uno se pregunta: ¿para qué Jesús como nuestro representante sufrió el castigo de la cruz? Nuestro autor, después de hacer una exhaustiva exploración de las Escrituras y de llegar a conclusiones tan felices como las que hemos mostrado, concluye lo siguiente:

"Hay sólo una forma para resolver la tensión entre los elevados ideales del evangelio y la triste realidad de nosotros mismos: aceptar que nunca daremos la talla, pero que tampoco tenemos que lograrlo."

¡Bravo! No tenemos que lograrlo, Él descubre lo que forma parte de la buena noticia. No tenemos que lograrlo porque otro lo hizo por mí. Hasta aquí estamos absolutamente de acuerdo. Los seres humanos somos imperfectos y lo seguimos siendo después de nuestra conversión. Y para nuestra vergüenza lo seguiremos siendo el resto de nuestras vidas porque seguimos incapacitados para seguir las elevadas normas del Dios santísimo. Pero entonces concluye algo tan extraño como lo siguiente: Se nos juzga por la justicia del Jesús que vive dentro de nosotros no por nosotros mismos. (P .143).

Es algo confuso que no puedo comprender ni aceptar. Es lo que he escuchado constantemente desde los púlpitos de las iglesias a través de mi "peregrinación". La justicia del "Jesús que vive dentro de nosotros" es una racionalización incomprensible. Es infusión, una racionalización burda que no corresponde ni con la Biblia ni con la realidad porque contradice la esencia misma de la buena noticia. Razone usted. Si Dios "viera" esa justicia activa dentro de nosotros ningún cristiano fallaría en ejecutar su voluntad. ¿Qué hace entonces dentro de nosotros esta justicia infusa si por otro lado seguimos en el camino de la imperfección? ¿Para qué está ahí? Si es una justicia "pasiva" de pura contemplación, entonces de nada sirve. Vamos a reconocerlo. El problema somos nosotros que seguimos fallando ya sea por omisión o por comisión. Y esto limita nuestra capacidad para alcanzar la felicidad. Lo que digo es que una conclusión como esta nos llevaría a mortificaciones, y sentirnos presionados con nuestras faltas. Nos conduciría a un callejón sin salida, esto es, a considerar contradictoria la experiencia cristiana que aboga por una conducta que sabemos no podemos lograr y que sin embargo y de manera paradójica para el escritor "la llevamos adentro". Es como vivir con una justicia interior que no nos sirve para nada porque seguimos inmersos en una inseguridad constante en oposición a lo que nos ofrece la buena noticia del evangelio. Hablamos de la inseguridad de no sentirnos salvos, de no comprender cómo llevando la justicia de Cristo "dentro", cometemos tantos y deshonrosas faltas. Lo que buscamos por consiguiente es todo lo contrario, es poder lograr alcanzar un nivel de seguridad espiritual y moral, que nos haga sentirnos plenos y sanos. Debemos entonces definir con claridad meridiana eso del "Jesús que vive dentro de nosotros". Para poder entender el concepto mismo de "buena noticia" ¿En dónde estriba nuestra responsabilidad como personas, si es la justicia de Cristo la que se esconde en nuestro interior? Lo traigo a colación porque nuestro tema es que podemos procurar alcanzar la felicidad, entendida como la paz interior y la consecución del sentido de la existencia, siendo ésta la máxima expresión del alma en su relación con Dios.

Los discípulos de Cristo, predicadores del evangelio, pasaron por muchas vicisitudes, entre ellas, el hambre, la sed, la persecución y muchas veces el martirio. Pero se sentían plenos. Sus vidas tenían un propósito concreto. La felicidad que alcanzaban no dependía de las circunstancias externas ni de su "santidad" interior. Su manera de pensar se fundamenta-y de ahí su peculiar comportamiento- en su apreciación de la buena noticia. Es en el laboratorio del pensamiento donde la buena noticia radica, irradiando la luz desde su centro.

En la Biblia, particularmente en el Nuevo Testamento, el apóstol san Pablo al discutir este tema, hace a los efesios una recomendación que recuerda lo expresado anteriormente: que habite Cristo por la fe en vuestros corazones (Efesios 3:17). Por la fe, que no es lo mismo que en persona. Esta fe es activa, no es pasiva. Es una fe que impulsa a la responsabilidad, al juicio, por eso se parece a la de Cristo. El corazón, y la mente para el judío y por supuesto para nosotros, es lo mismo, aunque el primero se refiere a los sentimientos, a la sinceridad y al compromiso. Es la capacidad para generar sentimientos de bondad y amor provocados por la buena noticia. El corazón entendido de esta forma es afectado por el evangelio pues se trata precisamente de relacionarnos con Dios quien es para los efectos la esencia del amor. Mediante la obra de justicia de nuestro Señor Jesucristo a favor nuestro repetimos, somos aceptados ante Dios como si no hubiéramos pecado. Técnicamente esto se conoce como la imputación (en lenguaje luterano). Se trata de una justicia objetiva- la de Jesús- que no tiene nada que ver con nuestra experiencia interna. Quiero decir que la experiencia interna (la fe en el corazón) es consecuencia, no causa de la imputación. Y esto es así para que no se confunda con lo que llamamos "el engaño del corazón."

Nunca podremos llegar a conocer la estabilidad emocional y espiritual de nuestras almas (y es lo que buscamos) desconociendo el rico contenido de la buena noticia. La buena noticia reiteramos es ésta: Podemos llegar a alcanzar la paz interna sabiendo que Cristo la alcanzó para nosotros reconciliándonos con Dios. Escucha bien: una buena noticia. Y esto es lo que queremos interiorizar. Estamos cansados de las malas noticias. De sectas que promueven la austeridad y el sacrificio, con mandatos y normas que Dios ni exige ni demanda. Estamos hartos del fariseísmo, entendido como la adoración externa sin compromiso ni responsabilidad. De eso que el propio Jesús llamaba "honra de labios" y con el corazón distanciado "lejos de mí". Cuando Cristo "habita por la fe" en nuestra mente "las añadiduras" adquieren un carácter subjetivo permanente.

Significa que nuestras vidas se transforman en la medida que comprendemos el alcance del "reino de Dios y su justicia". Insisto en este tema por la enorme importancia que tiene para nuestra estabilidad emocional y espiritual sin la cual la adoración se convierte en una ideología hueca y desconectada de la realidad. Por más que empleemos las técnicas psicológicas, que son muchas y en ocasiones contradictorias, hay una dimensión, la espiritual, que no puede ser alcanzada por ninguna de estas disciplinas.

En conclusión, ¿Cómo habita Cristo por la fe en nuestros corazones? Mediante la certeza de que le creemos a Dios. Es decir, que las obras de justicia del Hijo son las nuestras. Somos considerados hijos de Dios por lo que Cristo hizo. Esto basta para que nuestros pensamientos incidan sobre los sentimientos. Comenzamos a ver la vida de otra forma. Los psicólogos llaman este proceso, reestructuración cognoscitiva o sea a los cambios mentales de paradigmas y modelos de pensamiento. Esta es la premisa para nosotros: La buena noticia cambia nuestros sentimientos porque ha cambiado nuestros pensamientos.

En lenguaje bíblico se llama arrepentimiento. Arrepentirse es cambiar de pensamiento, dejar afuera lo que para nosotros antes era significativo. Cuando Cristo habita por la fe en nuestras mentes esto es lo que sucede. Las "añadiduras" consisten en lo siguiente: la certeza de que Dios me ama, y se interesa por mí, que es mi amigo en medio de la adversidad. Sé que puedo contar con su auxilio en cualquier circunstancia y en cualquier momento. Esto es mantener el sentido propio de lo que es la nueva vida. Vivir con la responsabilidad cristiana del sentir de Jesús.

El apóstol san Pablo sugiere interiorizar esta fórmula:

Todo lo que es verdadero, todo lo honesto, todo lo justo todo lo bueno, todo lo amable, lo que es de buen nombre, si hay virtud alguna, si alguna alabanza, en esto pensad. (Filipenses 4:8).

Pablo invita a una aproximación a la mente de Cristo en conformidad con la nueva noticia. Si así son nuestros pensamientos así serán nuestros sentimientos y por lo tanto nuestra conducta. La palabra persuasiva llena todo el espacio del cerebro. Para el escritor inspirado el pensamiento de fe positivo debe llenar nuestra cabeza. A causa de nuestra debilidad carnal es casi imposible evitar que lleguen los malos pensamientos a nuestra mente, por eso "el todo" debe ocupar la totalidad para que no haya entrada para otra cosa. Sin embargo muchos cristianos no son capaces de llenar su pensamiento con el "todo" de Filipenses 4:8 y por eso son incapaces de alcanzar la paz. Existen mecanismos y herramientas que pueden utilizarse como recursos en la lucha contra males como el pesimismo y la desilusión. Muchas de estas herramientas están a nuestro alcance para nuestro disfrute y la psicología las ha corroborado.

Las consideramos con fines aclaratorios y para que veamos que todo cuanto es bueno, proviene de Dios. La psicología se encarga de estudiar la conducta del ser humano por lo que sus hallazgos muchas veces coinciden con lo que dice la Biblia. Por esta razón la tenemos en cuenta. Pero de la misma forma, Dios, cuyo propósito eterno es devolvernos la vida y con ésta la felicidad, nos ha provisto de recursos espirituales cuyo potencial es enorme para el logro de esa finalidad.

La fórmula que recomienda con insistencia la reiteramos: "en esto pensad". Es en el pensamiento donde se cuajan las motivaciones y es ahí donde "trabaja" el Espíritu Santo, generando la fe que produce las inclinaciones que nos harán felices: *Lo que es verdadero, lo honesto, lo justo, lo bueno, lo amable, lo que es de buen nombre, si hay virtud alguna* (Filipenses 4:8) No hay duda de que la búsqueda incesante de estos elementos, convertidos en patrones de conducta habitual, transformarán nuestra existencia llenándola de satisfacción y gozo.

Pero es también en la mente donde se generan los oscuros sentimientos de venganza, de odio y de torturas mentales contra nosotros mismos y contra los demás. Más adelante volveremos a Filipenses 4:8 con mayor detenimiento porque lo que buscamos se fragua precisamente en el pensamiento. La cuestión a debatirse por lo pronto es la siguiente: ¿Cómo pensar y llevar a cabo estas cosas si estamos rodeados por la maldad y por las exigencias y roles de una sociedad atea y secularista? ¿Cómo conservar la estabilidad mental que propone Filipenses 4:8 cuando nos provocan, persiguen y lastiman? La respuesta es que "todo lo bueno" del "en esto pensad" se cumple con el evangelio de la buena noticia. Es decir "en esto pensad" podría resumirse en una sola palabra: evangelio. Es como si dijera, piensa todo el tiempo en la obra de Jesús, en su vida, en su muerte, y sobre todo en su resurrección y a partir de ahí en todo lo que colabore con la proclamación y activación de esta vida. La función primordial del Espíritu Santo es llevarnos a toda verdad sobre Jesucristo (Juan 16:13). Muchos cristianos interpretan "toda verdad" como si Dios estuviera pensando en por ejemplo verdades científicas o históricas. Pero lo que a nuestro Dios le interesa y debería interesarnos a nosotros (ser nuestro objeto de búsqueda) es la verdad sobre Jesucristo. En la medida en que nos acercamos a Dios él se acerca a nosotros (Santiago 4:8). Una y otra vez estaremos insistiendo en lo mismo hasta que se convierta en parte significativa de nuestra vida.

La forma más efectiva de acercarnos a Dios es mediante la comprensión de la buena noticia, de modo que nos convirtamos en "verdaderos adoradores". Los verdaderos adoradores acuden a Dios en cualquier circunstancia de sus vidas por insignificante que sea. Poner nuestros asuntos en sus manos desde que nos levantamos hasta que nos acostamos. Esto nos garantiza la dirección. La gracia, es decir, el favor gratuito de Dios para nosotros, fundamenta la vida de felicidad que trae como secuela. Cuando el apóstol habla de "los frutos del espíritu", no podemos imaginar una vida en depresión, de amargura practicando esos modelos de pensamiento o inquiriendo en estos: amor, paz, paciencia, benignidad, bondad, fe, mansedumbre, templanza, contra tales cosas no hay ley.

Contra tales cosas no hay ley significa, que no hay acusación. Las acusaciones de la conciencia vienen cuando violentamos o posponemos algunas recomendaciones de Filipenses 4:8 pensando de otra forma que no sea la sugerida. Las acusaciones o remordimientos de la conciencia vienen de una ley del amor que no obedecemos y por eso de forma natural nos reprende. Una mente llena de los frutos del Espíritu nunca será objeto de la depresión o de la amargura. Es decir, cuenta con la aprobación divina. Nuestra tesis es la siguiente: llenarnos de los frutos del Espíritu nos garantiza la paz y la felicidad. Y esto es lo que buscamos. Porque tú y yo merecemos ser felices. ¿Cómo mantenemos vivos los frutos del Espíritu que nos garantizan la paz? ¿Cómo hacer para que el amor de Dios no muera en nuestra mente? ¿Cómo hacer para que no desaparezca el gozo frente a la vorágine de odio y violencia que nos rodea? ¿Cómo dejar que siga viva la llama de la paz, de la bondad, de la fe y de todos los demás frutos? Contestar estas preguntas es la finalidad de este libro. Pero antes debemos poner las cosas en su respectivo orden aun cuando corramos el riesgo de ser repetitivos. Primero: Buscar El reino de Dios y su justicia no es otra cosa que llenar nuestro pensamiento de la buena noticia, comprenderla y hacerla nuestra, "lo demás" es el fruto de la búsqueda.

El reino de Dios pues es lo mismo que la buena noticia puesta en práctica. Repetimos: Intentar comprenderla, hacerla nuestra, vivirla, es lo que determina lo otro, "la añadidura," que entendemos que es el triunfo y logro de nuestro peregrinar. A pesar del enorme contra peso que contiene el evangelio y el impacto sobre la conciencia, el mundo no es menos fuerte y peligroso. Suele ser rudamente cruel en particular con los cristianos. El egoísmo, la injusticia, el robo y saqueo de los recursos del planeta, la desigualdad económica y todo lo demás, abren una brecha en nuestra conciencia. Las cosas malas que le suceden a "los buenos" nos consternan. Por eso necesitamos combatir el desánimo y en casos graves la desesperanza. Algunos se preguntan por qué Dios no interviene ya. No nos metemos en eso. Tal decisión pertenece a su voluntad suprema. Nosotros no estamos, como sugiere el marxismo, llamados a transformar el mundo, pero podemos transformarnos a nosotros.

En cierto modo la formación individual lentamente transforma al mundo. Como sugiere la parábola de la levadura. La práctica de técnicas sencillas pero eficaces a veces suelen ser muy efectivas cuando están basadas en la fe. Mi esposa y yo solemos usar con frecuencia la palabra cancelar. Esto lo practicamos cada vez que nos llegan a la mente pensamientos negativos y pesimistas. El optimismo no debe ser una opción a escoger sino como hemos visto, la principal regla de fe y práctica. Esto es, debe ocupar un lugar prominente en nuestra manera de ver y razonar la vida. Mediante la palabra cancelar podemos eliminar, obstruir, desechar aquello que nos pone tristes o malhumorados.

Esto trabaja para creyentes o incrédulos. Pero la ventaja que tiene el creyente sobre el no creyente es que puede cancelar en el nombre de Jesucristo. La importancia del cambio de paradigma (o modelo) no puede ser minusvalorado. Los sufrimientos y torturas mentales son producto muchas veces de lo que nos decimos a nosotros mismos o de las ideologías que intenta vender el mundo. Es un hecho comprobado. Insisto en esto porque da resultado. No es mi descubrimiento. Es una terapia que es efectiva en los experimentos ya sea por los conductistas, por los existencialistas o por cualquier escuela. Todos han comprobado lo mismo.

Las cosas nos afectan de acuerdo cómo las interpretamos. Pero si nuestro paradigma es Cristo, las conclusiones son totalmente distintas. Eso es lo que a mi modo de ver quiere decir el autor citado (aunque no lo explica así) cuando habla de Cristo en el corazón. Saberse uno amado es el factor esencial y potencial para dar amor. Con mucha razón la gente dice que nadie puede dar lo que no tiene. Pero el evangelio nos dice que Dios nos amó primero y que ese amor se demostró en la persona de Cristo, quien murió para nuestra reconciliación.

Un término usado por los psicólogos, el de "empatía" equivale al de compartir, experimentar la experiencia de otro. Ponerse en el lugar del necesitado, en los calzados de alguien, eso es empatía. Somos empáticos cuando tomamos el lugar del que sufre, cuando comprendemos su situación y nos solidarizamos con su dolor. ¿Acaso no fue eso lo que Cristo hizo? No puedo comprender lo que es perdonar al que es malo conmigo al no entender primero que Dios me perdonó. Actúo como pienso y sobre esa base rehago mi vida. Los nutricionistas alegan que "somos lo que comemos", de mi parte yo afirmo, que "somos lo que pensamos".

Asimilar la buena noticia en su perspectiva correcta insisto, es la clave.

Nuestra relación con nosotros mismos y con nuestro prójimo depende de eso. Es una realidad imponente que sin Dios vivimos separados de todo, de la naturaleza, de la gente y lo que es peor, de nosotros mismos. Este desgarramiento es propio de todo aquel que desconoce la buena noticia. Según algunos existencialistas como Heidegger fuimos "arrojados", al mundo. Vivimos desgarrados. Existimos desgarrados. Una visión trágica de la vida que puede sustituirse con la buena noticia. La paz con Dios es por eso lo que trae sanidad al alma. Es el retorno al verdadero ser. Lo que no significa, bajo ningún concepto, que el cristiano está exento de sufrimientos y de angustias. Pero las angustias y sufrimientos son enfrentadas con la fe y seguridad de que Dios está ahí y que nos asiste. La clave por lo tanto es hacer nuestro lo que Dios nos ha dado.

Los problemas y dificultades no deben convertirse en fantasmas que agobien nuestra existencia y alteran nuestra paz. Cuando un hijo de Dios piensa que Dios lo abandonó es como desalojar a Cristo del corazón, es decir del pensamiento. Cuando falla nuestra fe, esto es básicamente lo que sucede. El gran motivador John L Mason escribe algo que se ha convertido para mí en un paradigma de fe: "un barco grande necesita de aguas profundas". No se trata de un concepto narcisista, es decir, de que inflados de orgullo nos sintamos "grandes". Usamos el término como si hubiéramos alcanzado la madurez y la estabilidad propia del que sabe lo que tiene y sabe lo que hace porque ha entendido la buena noticia. Por eso ser grande es pensar en grande.

Vale la pena decir que la grandeza de un ser humano no se mide (no lo mide Dios) por su éxito económico, ni por sus logros académicos (aunque pueden ser parte de) sino por su éxito en alcanzar la paz con Dios, consigo mismo y con el prójimo. Cuando san Pablo habla de "todo lo puedo en Cristo que me fortalece" (Filipenses 4:13) no se refiere a que se ha convertido en un superhombre que todo lo puede lograr (hay quienes se sienten "grandes" repitiendo el estribillo). En realidad significa que enfrenta las situaciones con madurez, y con valor, sin inmutarse o perturbarse ante lo que enfrenta. Sabe que puede tener la paz y la tranquilidad en las buenas o en las malas, ante las vacas flacas o las gordas. Sigue siendo Él.

El contexto indica que se trata de enfrentar las situaciones y buscarles solución con la fe de que Dios está presente. "Todo lo puedo en Cristo que me fortalece" significa que puedo soportar las situaciones sin amargarme, sin que me quiten la paz, sin que me destruyan. Esto se puede lograr ahora. Desde hoy. En mi lucha contra la tristeza y el desánimo la clave desde que conocí la buena noticia siempre ha sido hacer algo. No entregarme a la resignación, ni amilanarse permitiendo que la angustia me oxide como hace el moho. Decirle que sí a Dios, a la vida, al universo. Hay una cita en la Biblia muy importante que a veces se pasa por alto. Se trata del Éxodo 14:15. La cita del Éxodo 14:15 debe ser una fuente de profunda reflexión para todos los seres humanos, cristianos o no.

En situaciones de stress, quiero decir, de mucha tensión nerviosa como la que experimentaba Israel en el desierto Jehová dice algo que nos resulta un tanto extraño: ¿Por qué clamas a mí? y entonces da la siguiente orden: Di a los hijos de Israel que marchen. Que marchen, esto es, que hagan algo, que inicien la búsqueda para la solución. Llorar no es una buena opción, ni acongojarse, ni quejarse. En otras palabras, en algunas circunstancias no basta la oración. Hay que marchar y hacer algo. Por supuesto que hay cosas que no están a nuestro alcance resolverlas, pero nuestra actitud frente a los problemas que aparecen, "marchar" es la manera de dar el primer paso en la búsqueda de una solución. Cuando reflexiono en la epopeya que vivió

Israel en el desierto no puedo menos que admitir que el Antiguo Testamento es el testimonio vivo de la trayectoria de todo persona en su caminar por la vida y en especial para el que cree.

Se puede elegir entre entregarse a la queja y la murmuración como hizo gran parte del pueblo elegido o comenzar a "marchar" en la fe confiando en las promesas de Dios. La expresión frecuente "no sólo de pan vivirá el hombre" (Mateo 4:4) indica que el creyente no se sostiene tan sólo del alimento material sino del "alimento" de la fe. Él nos sostiene con sus promesas de fidelidad, es decir con su Palabra. Es aquí donde se distancia el hombre de fe del hombre incrédulo. El hombre espiritual sencillamente cree en lo que Dios ha dicho y sigue adelante.

No puedo menos que volver a comparar la actitud que sostuvieron hombres como Josué y Caleb frente a la conquista de Canaán y la de aquellos que se aterrorizaron al ver a los hombres altos y fuertes del lugar. Los israelitas carnales se olvidaron de que Dios peleaba por ellos, cosa que no ocurrió con los espirituales. Estos, aunque pocos, decidieron el destino de la nación. Josué y Caleb son los símbolos paradigmáticos dignos de ser imitados.

¿Qué hacer?

1. Cuando vengan pensamientos erróneos, cancele en Su nombre
2. Sustituya las malas palabras, y el lenguaje temperamental
3. De gracias a Dios en todo momento
4. Aprenda de memoria versículos bíblicos claves
5. Aléjese de aquello que pueda a su vez apartarle de Dios
6. Respire hondo cuando algo salga mal y tome distancia del problema
7. Busque ayuda cuando no pueda resolverlo por sí mismo
8. Conozca sus límites
9. Haga como Josué y Caleb, se enfrentaban con valor a las dificultades

HACER ALGO

Como hemos visto Caleb y Josué eran hombres conforme al corazón de Dios. Aunque sólo a dos hombres en la Biblia se les ha dado esta calificación, esto es, a Samuel y David, no obstante podemos aplicarlo a todo aquel que ejerce la fe bíblica de confianza y seguridad en la protección y cuidado personal de Dios. En general la expresión "hombres conforme al corazón de Dios" lo que significa sencillamente es que son hombres de fe. La fe en Dios supera cualquier obstáculo. Esa es la constante enseñanza bíblica.

No había nada especial en estos hombres que no fuera su fe. Pero esto era suficiente para considerarlos especiales. Lo que parece contradictorio pero no lo es en absoluto. Es paradójico. No todo el mundo se lanza a la búsqueda de soluciones con la confianza de que Dios está en el medio. Israel llegó a ser una nación de miles de personas conforme a la promesa hecha a los padres. Pero la Biblia destaca a muy pocos. Aparte de Moisés, de Aarón, Caleb y Josué no recuerdo a nadie más con las virtudes de estos hombres. Y fue con esta minoría que Dios cumplió su promesa de conducirlos a Canaán. Pocos pero buenos. Lo mismo ocurre con el profeta Elías en otro contexto, al que hace alusión el apóstol Santiago. Era una persona como nosotros y con las mismas debilidades, pero Dios lo escuchaba.

El elemento distintivo que lo diferenciaba del pueblo israelita es que poseía una fe robusta. A propósito pienso que debemos ir cambiando nuestro modo de pensar sobre la fe. Y de lo que significa este don. Las preguntas "pertinentes" de todos los tiempos siempre han sido las mismas: ¿Por qué no todo el mundo tiene fe? ¿Acaso Dios no reparte a todo el mundo por igual? ¿Cómo se puede inculpar a una persona de no creer si no le ha dado el don? Preguntas que no han sido contestadas ni por los mejores teólogos o si han tratado de hacerlo, no han convencido a la mayoría de los cristianos.

Veamos lo que sugiere Sherwood Eddy:

La fe no es tratar de creer a pesar de la evidencia. La fe es atreverse a hacer algo a pesar de las consecuencias.

Citado por John L.Mason en *Suéltese de lo que lo detiene*, p.35). La segunda expresión es la que nos llama poderosamente la atención. Hacer algo a pesar de las consecuencias, es decir, atreverse, moverse. Un ejemplo sencillo pero convincente ilustra lo que decimos. Cuando era niño leía mucho sobre literatura folclórica. Encontré un cuento que me gustó mucho. Trataba de un hombre que decidió ponerse a llorar porque vio un hacha que colgaba del techo. El pobre pensaba que el hacha se caería en cualquier momento cayendo sobre un inocente que pasara. En vez de actuar como lo haría cualquier persona sensata, se dispuso a llorar. El protagonista del cuento (un joven que decidió ir por el mundo en busca de aventuras) fue precisamente dar un salto y desprenderla. De ese modo tan fácil soluciona el problema. Muchos de nosotros hacemos lo que hizo el pobre llorón. Quizás por ignorancia, por falta de iniciativa, falta de valor. Todos estos atributos los proporciona la fe en Dios. Hacer algo. No quedarse inmóvil viendo cómo las circunstancias nos dominan. Usted y yo estamos llamados a dominarlas.

La creencia general de la primera definición, es decir que la fe consiste en cerrar los ojos ante lo que nos manifiestan los sentidos y la realidad, no es a mi juicio, la más sensata. En la época de Galileo (siglo XVI) la iglesia católica condenaba la posición del científico de que la tierra giraba alrededor del sol. Otros sabios como Descartes al notar la reacción de la iglesia, decidieron callar. Los fanáticos religiosos veían las conclusiones brillantes de estos hombres como herejías. Eso es lo que consideramos cerrar los ojos ante las evidencias. Me gusta más el enfoque de la segunda definición: atreverse a hacer algo a pesar de las consecuencias. Nota otra vez que la clave está en "hacer algo" no quedarnos inmóviles y enfrentar las situaciones con valor y determinación. Dios le ofreció a Israel la tierra prometida. Y les amonesta. Es de ustedes. Sí, pero hay que atreverse a tomarla. Sí y no. El éxito está ahí. Tómalo. Lúchalo. Es tuyo. Consíguelo con esfuerzo. Pueden perderse batallas pero lo importante a fin de cuentas es ganar la guerra. No es que con sus propios recursos conquistaran a Canaán, es que moviéndose en la dirección correcta, estarían dando el paso de la fe. Yo diría que una promesa se obtiene paradójicamente con el esfuerzo. Salvo la salvación, que es gratuita porque Dios la ofrece en Jesucristo. Y esto porque nadie, absolutamente nadie podía hacer lo que él hizo.

En la lucha por la vida es otra cosa. Dar un paso adelante significa que no estoy dispuesto a rendirme. La mayoría de las llamadas enfermedades mentales son producto de la rendición. Estoy al tanto de que una enfermedad como la depresión puede ser ocasionada por desórdenes químicos. Pero todavía así mi actitud de buscar ayuda puede ser la clave para tratar la enfermedad. Hay que hacer algo. En este caso buscar y obtener la ayuda de un profesional. Nota que en el ámbito del éxito y la búsqueda de la felicidad, en la tierra, la fe y la obra van de la mano.

La felicidad no tiene que ser una quimera si comenzamos a madurar con respecto a las cosas que nos suceden porque el éxito está contenido dentro del proceso de lucha. En el mismo momento en que decidimos ponernos de pie comenzamos a triunfar sobre nuestras dificultades. Ponernos a llorar y a lamentarse simplemente no sirve. El ejemplo clásico lo tenemos en la figura del hijo pródigo. Este personaje (Lucas 15: 1-3) cometió el error de marcharse del hogar, malgastar su fortuna, y entregarse al desorden. Para entonces encontró dificultades mayores. Los amigos lo abandonaron, no encontraba empleo, y tenía hambre. Tuvo sin embargo la sensatez de reconocer su equivocación y comenzó a hacer algo.

La narración dice que se puso sobre sus pies y volvió al Padre. Se levantó. Comenzó a caminar, se puso en marcha. Es decir, la fe genuina produjo la obra. El mismo principio de Éxodo 14: *Deja de orar ¿Por qué clamas a mí?, pon a marchar al pueblo*. Es importante subrayarlo.

Escuchemos lo que escribía un experto en terapia de la conducta. El Dr. Abraham A. Low, fundador de *Recovery, Inc.* quien escribía lo siguiente:

Que la mente gobierna los músculos es una verdad aceptada hasta por las mentalidades más sofisticadas. Pero que podamos hacer que los músculos moldean e influyen en la actividad mental suena increíble para el escéptico y risible para el cínico...si el cerebro no cumple con sus deberes de gobernar, podemos hacer que los músculos "se hagan cargo" y sustituyan durante una emergencia "al vil cerebro" en su función. (*Salud mental mediante el adiestramiento de la voluntad*, p.50)

¿Qué puede significar eso de que los músculos se hagan cargo? Habla de la persona que se acostumbra a actuar no importa cuál sea su situación. Hace algo. No se somete como un esclavo a la tiranía del miedo. Cuando uno actúa racionalmente y con fe a pesar de los dictámenes de la mente o de la paralización de ésta, el mismo cuerpo actúa de forma involuntaria. No tiene que haber una inconsistencia entre la voluntad y la fe. En cierta forma fe y voluntad luchan juntas. La voluntad es disposición a la lucha, la fe es la confianza de que Dios cumple sus promesas y estará con nosotros en esa lucha. El pródigo primero pensó lo que diría a su padre y como catapulta su cuerpo se levantó. Aunque la voluntad no es fe, es innegable que una colabora con la otra. En realidad Dios no está tan pendiente a las debilidades de uno como a la disposición que tenemos para no someternos ligeramente a éstas. Así lo expresa el autor sagrado en Proverbios 6: 16-19. Veamos:

Seis cosas aborrece Jehová y aún siete abomina su alma, los ojos altivos, la lengua mentirosa, las manos derramadoras de sangre inocente, **el corazón que maquina pensamientos inicuos, los pies presurosos**

para correr al mal, *el testigo falso que habla mentiras y el que siembra discordia entre hermanos.*

Se destaca,(subrayamos nosotros) a propósito de nuestro estudio, el corazón que maquina pensamientos inicuos que va unido a los pies presurosos para correr al mal. Como se nota, los pensamientos inicuos, que son todos aquellos que de alguna forma amenazan nuestra salud mental, si no tienen freno, llevan inevitablemente al abismo del mal y del callejón sin salida. Pensar por ejemplo que somos un fracaso en lo que hacemos restringe nuestra capacidad para lograr algo e incluso puede paralizar nuestra iniciativa. No es tanto lo que se dice, sino cómo lo asimilamos. Los pensamientos son para la mente o el cerebro como la comida para el cuerpo. Dependiendo del nivel de asimilación, responderá con energía o con desespero.

La NIC (*Nursign Intervention Classification-4 Ed. J McCloskey GM Bulechek con el código 4,700*) define la reestructuración del pensamiento como sigue:

"Estimular al paciente para que altere los esquemas de pensamiento desordenados y se vea a sí mismo y al mundo de forma más realista".

O como dicen algunos psicólogos:

No es cierto propiamente cuando nos decimos a nosotros mismos que todo nos sale mal. Hay muchas cosas que las hacemos bien, pero nuestro monólogo interno, en ese momento de desesperación, excava más en el hoyo y nos hace sufrir innecesariamente.

Cristo dijo que en el mundo tendríamos aflicción (Juan 16:33). El dolor es algo inevitable en este mundo. Pero no hay ninguna razón para que los cristianos o cualquier otra persona nos hagamos daño a nosotros mismos por encima de todas las otras calamidades que nos sobrecogen. Una cosa son los problemas externos que no podemos controlar y otra las cosas que nos decimos y pensamos. Acostumbrarnos a pensar de manera positiva, con la fe de que Dios tiene todo bajo control es una de las herramientas más poderosas con que cuenta el cristiano. Y digo el cristiano porque quien no cree tiene a su disposición las técnicas psicológicas de autoayuda recomendadas e implementadas por terapias como la REC y otras de tipo conductual productos de las investigaciones de la conducta humana. Pues bien, cuando se trata de psicología es el hombre interviniendo con el otro hombre. Cuando apelamos a la oración es Dios acudiendo en nuestra ayuda. ¿Cuál piensa usted que será más efectiva?

¿Qué hacer?

1. Cuando se caiga, levántese
2. Anímese usted mismo con palmaditas en el hombro
3. Confórmese con pequeños éxitos pero siga avanzando
4. No se coja pena usted mismo. Eso no sirve de mucho
5. Nunca haga o diga algo que lo pueda someter a mayores problemas
6. Usted nunca es un fracasado mientras se mantenga de pie

BUSCANDO LA
AUTORREALIZACIÓN

No creo que la psicología ande reñida todo el tiempo con nuestras creencias religiosas. Lo que ocurre es que ambas ocupan espacios distintos. La psicología es el estudio de la mente del ser humano independiente de que crea o no crea. Anteriormente se le consideraba "el estudio del alma". En sutilezas como las que abordamos los remedios psicológicos pueden ser eficaces cuando se aplican las técnicas adecuadamente. En ambos universos la fe juega un papel fundamental para los resultados. Sólo que dentro del campo de la psicología la fe va dirigida a uno mismo, mientras que cuando apelamos a la fe bíblica confiamos que es Dios quien interviene.

Es irónico que fuera un pastor, Carl Roger, quien llegue a la conclusión de que la solución está dentro de nosotros mismos. Su pensamiento estriba en que debemos centrar la terapia en la persona. Ésta puede y debe encontrar por sí misma la respuesta a sus interrogantes. El terapeuta es un guía que le lleva al objetivo final que yace en la propia mente del "paciente". El filósofo español Ortega y Gasset también hizo famosa su manida expresión: "en el interior del hombre habita la verdad". Para el cristiano la solución se encuentra en Dios. La función del terapeuta es concienciar al paciente de lo primero. La del pastor, que contamos con la aprobación divina, una vez que confiamos en el evangelio. Sin embargo dentro del campo de la psicología "profunda" —llamada así porque apela al llamado subconsciente— reconozco los "descubrimientos" de Freud como los más ajustados a las observaciones del apóstol san Pablo en el capítulo 7 de romanos donde se expone el conflicto interno que sufre todo ser humano y particularmente el cristiano. Aunque diferimos en cuanto a los resultados. Ambos hablan de pulsiones o impulsos que nos gobiernan. En este sentido la psicología profunda alega que la persona no es responsable de sus actos, cosa que niega el evangelio. Irónicamente es la responsabilidad- que viene con el sentido de la libertad- lo que define a un buen cristiano. La Biblia lo llama "sus frutos". Un árbol de china no puede dar manzanas. Un hombre malo, sin conciencia de su maldad, no puede dar otra cosa que lo que "sale" de su interior. Para eso necesita "ser" otro árbol. Por eso a la conciencia de lo que somos y de lo que queremos ser la Biblia lo llama "nacer de nuevo". El apóstol san Pablo muestra la otra cara del cristiano que sufre de impotencia para controlar sus impulsos ciegos. Así encontramos en la Biblia una psicología del hombre de fe amenazado por una condición neurótica:

Porque lo que hago, no lo entiendo, pues no hago lo que quiero sino
Lo que aborrezco eso hago (Romanos 7:15)

Otro aspecto "coincidente" entre ambas posturas es la de la posición o status del ser humano. Desde el punto de vista Freudiano las personas pueden clasificarse en neuróticos, psicóticos o pervertidos. Es decir, según este autor, no hay personas totalmente sanas mentalmente. Algo que coincide con lo que nos dice san Pablo cuando habla de que la humanidad ha perdido su rumbo y de que no hay nadie justo (Romanos 3:11). Aquí se describe de manera cruda y gráfica la condición del hombre apartado de Dios. Volviendo al capítulo 7 de Romanos-la gran epístola paulina- encontramos una descripción virtual del hombre entregado a una causa que muchas veces es superior a sus fuerzas naturales. Lo que destaca en este capítulo a mi juicio, no es tanto su incapacidad para llevar a cabo su tarea, como su deseo de lograrlo, su inmenso deseo de ajustarse a las normas y mandatos de la ley de la bondad. Es decir, tal parece, que el apóstol -un hombre dedicado y entregado a la causa evangélica-se siente impedido de cumplir con Dios como él quisiera. Sin embargo a todas luces encontramos a este mismo hombre deseando con toda su alma parecerse a Cristo. Aunque muchos aspectos de la psicología dinámica han sido abandonados por los psiquiatras modernos, nosotros no queremos descartar la idea bíblica-y también ¿Por qué no? psicodinámica- de que somos gobernados por impulsos que muchas veces no comprendemos. Se desprende del capítulo que analizamos que a lo más que el hombre cristiano puede aspirar es a un "querer ser" y no a un ser pleno en este mundo. Pero este querer ser-como aspiración en la búsqueda de la excelencia- como veremos en los próximos capítulos, es suficiente para emprender el camino hacia la responsabilidad de la conciencia y por eso de la felicidad, cosa negada por el propio psicoanálisis.

El querer ser es la búsqueda de la realización

El querer ser sin la motivación de la gracia, puede convertirse en un signo neurótico que puede afectar la conducta "normal" de una persona. Lo puede volver un fanático religioso, quien como hemos visto en Tolstoi, vivió toda su vida infelizmente, tratando de cumplir con unas exigencias que van más allá de su capacidad moral. Sin embargo el querer ser, paradójicamente, puede producir una manera de autentificar la fe del creyente. Como dice el apóstol san Pablo en otra parte: Si pues habéis resucitado con Cristo...buscad las cosas de arriba" (Colosenses 3:1) Ese "sí" condicional cuestiona el que la gracia sea un motivo o licencia para realizar lo malo, antes por lo contrario, debe ser la motivación para buscar la gloria de Dios y de ahí la realización propia. Por otro lado, ¿Qué son las cosas de arriba? No puede estar hablando de Cristo mismo porque apela a "las cosas". Las cosas de arriba son las normas elevadas a las que podemos aspirar para alcanzar la felicidad y el éxito.

Examinemos algunas de las cosas que podrían impedir nuestro éxito en la búsqueda de nuestra realización:

El miedo patológico, preocupaciones innecesarias. Impedimentos, como vivir el pasado, excusas, algunas tradiciones o hábitos , envidias, la crítica, amistades no gratas, no perdonar, tomar decisiones incorrectas, buscar la diversión antes que cumplir con nuestros deberes, el doble ánimo, fracasos, demoras, impaciencias, carecer de un propósito, desobediencia a los padres o a la autoridad civil, mal manejo de nuestras finanzas, conformidad, falsedad, ingratitud, inseguridad, tibieza.

"Las cosas de arriba" por lo contrario pintan como sigue:

¡Frente a la indecisión: valor, como se le dice a Josué luego que tomara las riendas como guía del pueblo:

Mira que te mando que te esfuerces y seas muy valiente: no temas ni desmayes porque Jehová tu Dios será contigo en dondequiera que fueres. (Josué 1:9)

La valentía es un valor que proviene de lo alto. El hombre de fe es un ser valiente porque se atreve. Se atreve porque sabe que lo asiste el poder de lo alto. Nosotros debemos atrevernos a enfrentar los problemas y situaciones con determinación, por la misma razón. Cristo mismo avaló el atreverse como una herramienta eficaz para alcanzar el reino (Mateo 11:12).

El reino de los cielos se hace fuerte y los valientes lo arrebatan

Según el famoso motivador de los años ochenta, Norman Vincent Peale hay por lo menos tres formas de convertirse en una persona exitosa llena de entusiasmo y atrevimiento: Decidir específicamente qué características particulares desea poseer y mantener esa imagen firmemente grabada en su conciencia y segundo, proceder a desarrollarla actuando como si realmente poseyera tales características deseadas y tercero creer y afirmar repetidamente que se halla enfrascado en el proceso de creación de esas cualidades que se ha empeñado en desarrollar. Es tratar de convencer a nuestro cerebro de dirigirse hacia la forma de ser que deseamos. Peale se aferra más al modelo psicológico que al bíblico de que la verdad está dentro de nosotros mismos, es decir en nuestro cerebro, pero si apelamos al testimonio bíblico- y evangélico por supuesto-no estamos muy lejos de la postura que sugiere el motivador. En lenguaje bíblico podemos asegurar que Dios nos ha declarado santos en virtud de la obra de su Hijo Jesucristo. Obra perfecta y acabada que por imputación se nos ofrece como garantía de que Dios nos acepta. El apóstol Pedro va más allá y no vacila en decir que Él nos ha convertido en reyes y sacerdotes (1 Pedro 2:9). Entonces como recomienda Peale, debemos actuar como si lo fuéramos. Con toda la dignidad y la seriedad que contiene la proclamación. Cuando uno procede de esta manera "vive para la fe". Decir que para Dios somos "reyes y sacerdotes" no es poca cosa. El concepto de rey en la Biblia apela a Jesucristo y no a los reyes que estamos acostumbrados a relacionar con la fastuosidad, con las riquezas y el dominio de poder. Es decir, las características inusuales de un rey que Dios aprueba son: la humildad, el servicio, la entrega y la integridad.

Analicemos de paso las características opuestas que Dios desaprueba.

Las quejas

Frente a la queja, fe y entusiasmo

¿No se da cuenta de que con quejarse los problemas no se resuelven? La queja presupone falta de fe, desconfianza y poco respeto. La gente le huye al quejoso y cuando es una colectividad la cosa se agrava. Este mal le causó muchos disgustos al pueblo de Israel. Moisés, el gran estadista, desgraciadamente sólo escuchaba de parte del pueblo el triste lenguaje de la queja. Que si no tenemos agua, que si no tenemos carne, que si nos persiguen los enemigos, que estábamos mejor en Egipto. Que si Moisés nos trajo a morir al desierto, bla bla, bla. Quejas y más quejas. Se puede decir que Israel era por excelencia el pueblo de la queja.

Es natural que nos quejemos de vez en cuando, si algo no sale como queríamos, pero convertir este lenguaje en uno de todos los días parece cosa de locos. Además la queja es el idioma de los malagradecidos. El quejoso constante se olvida de los favores y vicisitudes de las que Dios le ha librado en otras ocasiones. Este es precisamente el reproche que constantemente hace Jehová a Israel en el Antiguo Testamento. El rey David solía cantar en los salmos los beneficios que de Dios recibía y el mismo se estimulaba: "a no olvidar ninguno de sus beneficios". Hay personas a quienes puedes hacer muchos favores y cuando no accedes a hacerle uno, se enoja como si nunca les hubieras ayudado. Nadie con esa actitud puede alcanzar la felicidad.

David escribió los beneficios recibidos en los salmos para no convertirse en un malagradecido. Por eso nos dejó ese legado que hoy apreciamos. Otra cosa que les impedía a los israelitas el progreso, era el miedo. Miedo a la libertad, al poder de los ejércitos de Faraón, a enfrentar la nueva vida de liberación con éxito. La queja iba unida al miedo. También sucede en nuestros días. Hay personas que viven toda su existencia con miedo. Miedo de perder la salud, de perder el trabajo, de perder a su marido o a su esposa, de que los hijos se desvíen por el camino incorrecto, de que un proyecto que emprendan termine mal.

El miedo muchas veces paraliza la iniciativa de estas personas hacia las oportunidades y se convierten en seres solitarios y malhumorados, maldiciendo su estampa y la de los otros. Es fácil que alguien nos diga: "no te preocupes". Hay cosas que nos desangran, no simplemente que nos preocupan. La "pre" indica que antes de que ocurran las cosas ya nos estamos ocupando de ellas en el pensamiento. Y aquí está la clave: en el pensamiento. Con preocuparnos en el pensamiento no logramos mucho. Es necesario buscar soluciones inmediatas y concretas para evitar que se conviertan en fantasmas que nos persigan.

Remordimiento

El remordimiento, tal y como indica la palabra, literalmente, es como morderse uno mismo. La persona que no hace el bien con frecuencia y luego tiene lapsus de dolor en la conciencia, el avaro que no quiere gastar dinero en otros, la persona que nunca coopera para expandir el mensaje de su iglesia, el que no ayuda a una persona en desgracia. También aquel que no es capaz de perdonar a otro padece de ese "dolor de conciencia" típico de los casos de remordimiento.

Las barreras son puestas por otros o nosotros mismos. Siempre habrá paredes y oposición a cuanto hagamos o digamos. Gente negativa o envidiosa que quiere nuestro puesto, o que codicia lo que tenemos, o que simplemente le caemos mal. Cristo había dicho a sus discípulos que en el mundo tendrían aflicción: "pero confiad yo he vencido al mundo"(Juan 16:25).

Quiso decir que podemos avanzar si nuestra determinación y coraje provienen de nuestra fe en Él. Todos los obstáculos pueden vencerse con firmeza, con voluntad, con determinación. Todos, incluyendo la muerte. Encarar la muerte de un familiar, de un hijo, de un padre o madre es tan fuerte que sólo la mano divina puede traer consuelo al alma de esa persona. Hay individuos que no son capaces de superar las circunstancias del pasado. Aquí encontramos a los maltratados, a los abusados, a los burlados, a las víctimas de robo o asalto, a los que no tuvieron el privilegio de una niñez sana y saludable. Por eso algunos acuden a los psiquiatras o a los psicólogos, o a cualquier otro consejero.

El psicoanálisis, rebusca en ese pasado con la intención de encontrar las causas de una neurosis o de una psicosis, que muchas veces puede ser severa o crónica. Pero aún el pasado puede superarse si lo decidimos, cambiando nuestra mentalidad. En nuestro caso la mejor terapia es aquella que se recibe del Espíritu Santo por medio de la oración y la comunicación constante con Dios. Conozco personas tan enajenadas de sí mismas que no reconocen sus errores y buscan todo el tiempo la manera de evadirlos ya sea buscando excusas, ya sea justificando su error mirando lo que hicieron otros. Ningún mal justifica otro mal, pero la huida a veces sirve para aliviar la tensión del malvado que insiste en no autoanalizarse para corregirse. Como reiteramos, la mejor manera de curarse es atreverse a decir: cometí un error y estoy en la disposición de repararlo. La reparación debe incluir más de lo que se destruyó. La restitución es indispensable y necesaria.

¿Qué hacer?

1. Acepte su condición de pecador
2. Reconozca que es salvo por gracia y no por buenas obras
3. Agradezca a Dios en todo momento por lo que él hace por usted
4. Contagie a otros con el entusiasmo
5. Conviértase en la solución de los problemas y no en parte de éstos
6. Haga que los demás vean en usted algo distinto

DESHACERNOS DEL MIEDO

Los psicólogos conductistas enfrentan las fobias de los pacientes con lo que temen, se le conoce como desensibilización sistemática. Es decir que el individuo debe enfrentar lo que teme. Ir perdiendo la sensibilidad o la reacción de temor ante el enemigo. Por supuesto que hay casos a los cuales hay que encarar con respeto y muchas veces con la necesidad de evadirlos. No podemos enfrentar un león de frente ni una serpiente venenosa. Nos referimos a los miedos irracionales y desproporcionados que nos acosan, es decir, aquellos que se presentan como fantasmas en nuestra mente. Los expertos no encuentran otra forma mejor de acabar con estos miedos que mirándolos de frente.

El salmo 23 es una maravillosa exposición del cuidado que Dios tiene de nosotros. Él es nuestro pastor y guía y nos conducirá hacia los pastos y veredas que nos conviene. Confiando en el pastor los miedos se mitigan y muchas veces desaparecen. Jesús también habla de los temores y ansiedades que tienen muchos cristianos de forma irracional (Lucas 12:22). A pesar de que leemos este capítulo constantemente, no vemos cambios en nuestra conducta. Seguimos con miedos, temores y ansiedad. Cuando uno lee el Antiguo Testamento y observa las maravillas que Dios ejecutó con Israel en aquellos tiempos uno piensa que el pueblo actuaba irracionalmente. Sin embargo, no debemos juzgarlos con severidad porque generalmente hacemos lo mismo. Probablemente Dios actuaba sobre Israel en armonía con las leyes naturales (lo mismo ocurre en nuestros días) es decir, este pueblo muchas veces pensaba que las cosas venían por azar, de forma natural, sin visos de milagros que interrumpieron los procesos "naturales". Si ocurrían de esta forma es comprensible que este pueblo pensara que pasaban "porque tenía que ocurrir" o sea que lo adjudicaban al azar.

Cuando Elías pidió una confirmación de la presencia de Dios (1 Reyes 19:12) la narración explica que la contestación no vino en un terremoto, ni en el fuego, sino en un viento apacible y delicado. El profeta pensaba que el formidable general de los ejércitos debía ser rudo y manifestarse con toda crudeza. Pero no. Dios se caracteriza por su "increíble capacidad de refrenarse" como dice Yancey (ob. Cit. P.74)). Ya lo hemos visto expuesto con claridad en las tentaciones de que fue objeto Cristo precisamente en el desierto y en la cruz. Dios está presente en nuestra vida cotidiana. Nuestras decisiones, una vez que hemos invocado su nombre, son guiadas por su Espíritu.

Cuando Jesús llama la atención sobre el cuidado que Dios pone sobre las aves y las hierbas tiene en mente tal pensamiento. Los receptores de las bendiciones no se dan cuenta de la forma extraordinaria de su Presencia. Es algo que él se complace en hacer, porque su naturaleza es prodigar. Debemos recordar que la Biblia dice que Dios es amor. El amor no puede concentrarse en sí mismo porque su tendencia natural es salir afuera. Su amor se manifiesta en la protección que nos prodiga constantemente. Juan expresa que el amor echa fuera el temor. El pensamiento debe cuidarse como lo hacemos con el cuerpo. Por eso insistimos en este tema en particular. De esto depende nuestra relación con Dios y con nosotros mismos. Como hemos indicado, uno a veces se ocupa de las cosas antes de que lleguen. Por supuesto que no nos referimos a la acción preventiva, calmada y racional de los eventos, sino de los miedos irracionales que quitan la paz mental y por ende la felicidad. Según El capítulo de Lucas 12 la fe en Dios es un excelente antídoto contra la ansiedad y las preocupaciones. La invitación es obvia o por lo menos sugestiva. Cristo quiere que salgamos a caminar y miremos con atención lo que ocurre a nuestro alrededor. Las aves no trabajan ni tampoco las flores y sin embargo, a pesar de las inclemencias del tiempo, renacen con el mismo esplendor.

Por supuesto que no es un llamado a la vagancia, sino un recordatorio a nosotros de que a pesar de las circunstancias adversas o negativas, el ser humano no se sostiene solamente de la comida ni es protegido tan sólo por un techo. Israel, en su peregrinación por el desierto, donde dependía exclusivamente de la mano divina, pudo comprobar que el hombre no vive sólo de pan, sino de toda palabra que sale de la boca de Dios (Mateo 4:4). Caminar, hacer ejercicios admirando la naturaleza creada por Dios, conversar con los demás, ocuparse de las cosas una a una, sin fijarse metas perfeccionistas son estrategias y métodos que dan buenos resultados. Norman Vicent Peale para los años ochenta coincidía con nosotros al escribir de esta forma:

Fórmula para manejar el problema de las preocupaciones:

1. Practicar un vigoroso paseo a diario.
2. Comprometerse en un servicio humano, regular y disciplinado.
3. Desarrollar una aguda preocupación, amor, incluso por los demás.
4. Hallar nuevo significado en la oración.

Yo añadiría que en el paseo diario, salga con sus hijos, si los tiene, respire el aire de las montañas, sienta el aroma de las hojas, de la yerba, y si llueve convendría tomar un chapuzón, de ese modo se pondrá en contacto con la naturaleza.

En mi opinión, yo pondría la número cuatro como primera. Una vez resuelta la paz con Dios todo lo demás debe venir "por añadidura". Dios nunca debe ocupar el último lugar sino el primero. El evangelio es el principal antídoto contra la ansiedad porque nos garantiza "la paz que el mundo no puede dar" (Juan 14:27). ¿Cuál es la diferencia entre la paz del mundo y la de Dios? Para contestar la pregunta es preciso regresar a la definición de la buena noticia.

Una vez que aceptamos como nuestra la justicia de Cristo (la justicia de Cristo fue su obra de representación en la tierra), Dios nos ve como si nunca hubiéramos pecado, limpios y sin mancha, puesto que Jesús es la nueva humanidad. La paz que ofrece Cristo es la presencia de Dios en medio de las circunstancias. El mundo no puede dar una paz genuina porque no puede comunicarnos con Dios. Dios es la paz. Cualquier estado de calma puede ser llamado paz, pero no es paz genuina. No tenemos que afanarnos por estar todo el tiempo temerosos de las equivocaciones y los errores. Sabemos que él nos perdona sobre la base del gran depósito de Cristo. Esto garantiza la paz. Además aunque no podamos asumir nuestra responsabilidad con la profundidad que Dios demanda, hay alguien que lo ha hecho por nosotros. Los seres humanos somos incapaces de dar lo que no tenemos porque somos seres incompletos. La paz del mundo está basada en un fundamento de egoísmo, o mejor, de egolatría, donde el ego es el centro de la fuerza. Podríamos decir que la paz del mundo es centrípeta (esto es, egoísta, dirigida hacia el Yo, subjetiva) mientras que la de Dios es centrífuga (dirigida hacia afuera, objetiva).

La terapia del sentido y la fe

El segundo punto expuesto por Peale acerca del compromiso con los demás, juega un papel de primera importancia en la logoterapia de Víctor Frank. La logoterapia es una corriente sicológica existencialista y por lo tanto puesta la atención en el hombre. Más propiamente en el sentido de la vida. En su famoso libro, *Man´s Search for meaning*, (*El hombre en busca de sentido*) el famoso psiquiatra expone su teoría de que lo que sostiene a una persona en medio de las dificultades y aprensiones es precisamente el tener un propósito para seguir viviendo.

En el prefacio del libro nos dice Gordon W. Allport lo siguiente:

Frankl distinguishes several forms of neurosis, and traces some of them (the noogenic neurosis) to the failure of the sufferer to find meaning and a sense of responsibility in his existence.

De este modo distingue entre algunas formas de neurosis y trata algunas de ellas como si esta fuera la falla por descubrir un significado y sentido de responsabilidad en la existencia (p.x prefacio). Su experiencia entre los nazis —mientras estuvo como prisionero en un campo de concentración— fue suficiente para observar un patrón en la conducta entre los primeros en morir —precisamente por su falta de esperanza— y aquellos que pudieron sobrevivir porque la sostuvieron. Sí, tener una razón para vivir nos mantiene vivos en medio de la adversidad. La esperanza es una fuerza viva que afecta cada rincón del cuerpo y del alma. Es un motor y combustible para la sobrevivencia. De entre todos los dones san Pablo la coloca entre las principales (1 Corintios 13). Es lo que Dios nos ofrece cuando nos presenta el evangelio. Una razón para vivir. Los dos grandes mandamientos —amar a Dios sobre todas las cosas y al prójimo como a uno mismo— se definen en términos de relación. La relación vertical y la horizontal. Una vez que tenemos la paz con Dios el resultado inmediato es la paz con la gente. Cuando obtenemos por el evangelio la certeza de que Dios nos ama, nuestro modo de ver a las personas cambia radicalmente. Ya no son otras personas ajenas a mí. Ahora se convierten en el objeto de mi interés, porque quiero, anhelo que ellos experimenten el poder de la gracia del mismo modo que yo.

A propósito del tema lo anterior es expuesto por el siquiatra así:

… tres grupos de jóvenes que competían en un estadio deportivo a puerta cerrada habían establecido agresiones unos contra otros mediante los certámenes deportivos, en vez de suprimir tales agresiones. Pero lo más interesante viene ahora: en una sola ocasión quedaron como barridas las agresiones del centro deportivo. Y eso fue cuando el carro que transportaba las provisiones al campamento se quedó atascado en el barro y los jóvenes tuvieron que movilizarse para desatascar. Esa "entrega a una tarea" que exige un gran esfuerzo, pero que tenía pleno sentido, logró que se "olvidaran literalmente las agresiones de los muchachos. (Víctor Fankl, *el hombre doliente*, Herder < Barcelona (1990).

Esto presupone que la unidad entre los seres humanos se logra cuando ejerciendo una misma labor, le encontramos sentido a la misma. Frankl parte de la premisa de que el ser humano moderno no es totalmente guiado por los impulsos como decía Freud ni por los sentimientos de inferioridad como alegaba Adler, sino por el sentimiento del absurdo, es decir el sentimiento de no encontrarle sentido a su existencia. (Viktor E. Frankl, *The feeling of meaninglessness, The American Journal of Psychoanalysis* 32 1972, 85).

Las aportaciones de la logoterapia son importantes para nuestro análisis. No puede haber felicidad donde no hay pasión, donde no hay energía ni fuego. Es decir, donde no hay sentido. El hecho es que muchas de las neurosis entendidas como enfermedades mentales, vienen como consecuencia de concentrar demasiado la atención en uno mismo. Es a mi parecer el tema principal de esta terapia. Frankl demuestra con ejemplos de pacientes enfermos que se han curado una vez que logran "distanciarse de sí mismos", es decir que dejan de poner su atención sobre ellos para dirigirla hacia otros. Él lo llama (auto trascendencia) quizás porque Dios nos hizo gregarios, o sea seres comunitarios, necesitados unos de otros. La terapia de lo que él llama la "intención paradójica" demuestra que reaccionamos favorablemente a la cura de nuestras aflicciones cuando "nos alejamos de nosotros mismos". Los ejemplos son abundantes: Un tartamudo que deja de serlo cuando intenta tartamudear más, en vez de luchar con su condición. Una persona que padece de insomnio deja de padecerlo cuando se propone no dormir intencionalmente, y personas que se curan de sus obsesiones cuando acceden a éstas con exageración y humor (Víctor E. Frankl Teoría y terapia de las neurosis p.p. 40,41). Por eso Dios nos llama a vivir en comunión con la iglesia. La iglesia no es meramente el lugar donde se adora al Ser que amamos, pero también el sitio donde comulgamos con el otro ser humano. La iglesia es el hospital del alma. Allí encontramos el principio vivo de que no sólo de pan vivirá el hombre, sino de toda palabra que sale de la boca de Dios. El llamado de san Pablo en Filipenses cap. 2 a la iglesia me parece una de las joyas más preciosas de la Biblia en relación con esta comunión de mesa:

Por tanto si hay alguna Consolación en Cristo, si algún consuelo de amor, si alguna comunión del Espíritu, si algún afecto entrañable, si alguna misericordia, completad mi gozo, sintiendo lo mismo, teniendo el mismo amor, unánimes, sintiendo una misma cosa. Nada hagáis por *contienda o por vanagloria, antes bien con humildad, estimando cada uno a los demás, como superiores a él mismo, no mirando cada uno por los suyo propio **sino cada cual también por lo de los otros*** (énfasis mío).

Nótese la insistencia en la vida comunitaria. "Lo común" de que habla Pablo es que me interese por mi prójimo, por sus dificultades, por sus problemas, por sus necesidades. Es aquí donde radica un principio de curación para las neurosis y el comienzo de una vida propiamente en abundancia. El punto culminante de la exposición paulina en esta carta se encuentra cuando trae como ejemplo a Jesucristo y su obra vicaria. Nota que lo que da sentido a la vida de la comunión con la iglesia es precisamente el evangelio:

Haya pues en vosotros este sentir que hubo en Cristo Jesús el cual siendo en forma de Dios no estimó el ser igual a Dios como cosa a qué aferrarse, sino que se despojó a sí mismo, tomando forma de siervo, hecho semejante a los hombres y estando en la condición de hombre se humilló a sí mismo, haciéndose obediente hasta la muerte y muerte de cruz (Filipenses 2:5-8).

Es el espíritu que debe prevalecer en la congregación para garantizar un clima donde el objetivo sea la edificación y por ende la felicidad. Psicólogos y terapeutas coinciden en que la felicidad no es algo que podemos conseguir solos. Nadie es feliz en la soledad. Nota que en la iglesia se canalizan los impulsos (Freud), se superan los complejos (Adler) y se cobra el sentido de la vida (Frankl) que es tan necesario para lograr el éxito. Las tres escuelas se conjugan a mi entender, en la comunión de la iglesia con Cristo. El apóstol utiliza la expresión "sí" como un condicional en varias ocasiones: Si le hemos encontrado sentido a la vida cristiana, si hemos hallado en Dios el motivo suficiente para existir, si hemos recibido la suficiente consolación y paz de parte de Dios agradecidos, entonces vivamos de este modo. "Sentir" aquí equivale a espíritu. Tener el espíritu de Cristo.

¿Qué hacer?

1. Únase en comunión al gran pueblo de Dios
2. Haga algo por alguien
3. Salga de sí mismo
4. Haga aquello que más feliz le haga

REPARANDO NUESTRA ALMA

Volviendo al asunto de lo que nos detiene, remordimiento como dijimos, literalmente significa volver a morderse. Es como si uno no se detuviera de morderse el rabo. Dando vueltas y vueltas. Esa campana que suena adentro, que no se apaga, que se llama estrés, es un sonido agudo que suele causarnos mucho daño mental. En algunas personas puede conducirlos al suicidio. Es el caso de Judas. No pudo tolerar la voz de su conciencia que lo acusaba de haber vendido a su maestro por unas cuantas monedas. Hoy nos escandalizamos de que estas cosas sucedan sin percatarnos de que a veces hacemos lo mismo, frecuentemente cuando traicionamos la verdad evangélica por diversas razones. El remordimiento se puede convertir en un gusano que taladra literalmente nuestro estómago. Puede producir úlceras y también incapacita a muchas personas para sentirse bien. Es obvio que la cura para el remordimiento es pedir o dar perdón. Pedir perdón es sanar nuestra alma. Al reparar el daño aliviamos la carga de otras personas y comenzamos a vivir una vida plena. Pedro, quien traicionó a Cristo como Judas, pudo comprender su error y gracias a Dios alcanzó el perdón. Sin embargo, no sirve de mucho perdonar o ser perdonado sin reparación.

La cura de almas

Según Pablo Martínez (Cura de almas y Psicología pastoral, en *Biblioteca de teología y Psicología pastoral*, p.36)…en sus raíces latinas… una persona curaba a otra cuando le daba un trato afable, adecuado, cuando se interesaba por ella. Era primordialmente una actitud y el énfasis no estaba en el resultado, sino en la relación. Había "cura" cuando uno se preocupaba por su prójimo con solicitud y cariño. Curar significaba cuidar, tomar interés, paz. En este sentido es que el perdón cura no sólo al objeto del perdón sino al que lo produce. En ambos casos hay sanidad y no existe la felicidad en la amargura. En la vida siempre tendremos dificultades. Pero concentrarse en uno mismo aumenta la depresión. De aquí vienen las llamadas enfermedades mentales, que no son sino eso: concentrarse en uno mismo. Cristo mismo dijo: En el mundo tendréis aflicción, pero confiad, yo he vencido al mundo (Juan 16:33). Las "pruebas" sirven para diagnosticar nuestra resistencia al demostrar cuales son nuestras prioridades, para hacerlas más fuertes. El atleta demuestra su capacidad para alcanzar el éxito cuando salta los obstáculos. No hay otra forma de probar y comprobar nuestra fortaleza. Como dice Mason: somos como una bolsita de té, no sabremos cuán fuertes somos hasta que nos ponen en agua hirviendo. El ejemplo de Israel, el pueblo de Dios, vuelve a revelarnos una gran verdad. La tierra es tuya sí, pero tienes que tomarla. Hay que hacer algo, moverse, zafarse de la tiranía del yo. En las teorías psicodinámicas el ser humano es un juguete de sus propias pasiones internas. Las raíces de los problemas psicológicos parecen venir de un pasado tormentoso, de lagunas anchas e inexploradas, que si no se aclaran siguen atormentando a las personas.

El monstruo del id, como le llamaba Freud, gobernaba desde adentro siempre en batalla con la conciencia (superego). Desde este punto de vista y como hemos señalado, el hombre se convierte en un ser irresponsable, que no tiene jurisdicción sobre su propia vida. Gobernado por impulsos y complejos. Sin embargo muchos psiquiatras se dieron cuenta que hurgar en el pasado no curaba a la gente. Había que empezar a bregar con el presente. El ahora. Por eso Cristo siempre utiliza el presente en sus expresiones y enseñanzas. Nota: Yo he venido para que tengan vida… Es un llamado urgente a vivir el presente. La amonestación a los apóstoles es de carácter dual: con el problema se ofrece la solución. Esta consiste de "confianza" que es lo mismo que la fe. "Confiad" es el remedio para vencer a nuestros enemigos internos. La confianza no sólo es expectación sino acción. Si estoy pidiendo un trabajo en oración lo más lógico que haga es salir a buscarlo. Un trabajo siempre exige unas destrezas y capacidades. Durante mucho tiempo pedí al Señor que me ayudara a cambiar de empleo. Pero mi respuesta nunca llegó hasta que decidí por mí mismo continuar estudiando. Las cosas se me facilitaron como si fuera un milagro. Recuerdo lo sorprendida que estaba una de mis profesoras por lo rápido que conseguí trabajo como consejero. Muchos de sus antiguos alumnos no lo obtuvieron tan rápido como yo lo hice. La diferencia con ellos y yo estaba, según mi criterio, en la oración.

Ahora, el presente es lo que cuenta. No importa lo que haya pasado antes es el encuentro con el Amado lo que cuenta. "Para que tengan". Es aproximación al remedio, a la sanidad, a la felicidad. El remedio está presente en el ahora. Tú mereces ser feliz ahora, no dentro de un año, no cuando consigas una casa propia o un auto nuevo. A menos que haya una enajenación total o un engaño total, la persona interiormente sabe si está siendo sincera consigo en su búsqueda del remedio. En el pasado o en el ahora. Es como alguien a quien el médico pone a dieta y a hurtadillas se engulle un emparedado. O la persona que intenta controlar su carácter y muchas veces cede a la tentación de explotar alegando que "después de todo soy humano". No vale la pena engañarse, esto lo que hace es prolongar la agonía. La autenticidad, en la medida en que sea posible, es de hecho el antídoto contra el pesimismo y la tristeza. Poner excusas para no actuar es otra forma de autoengaño. Hay que llamar la atención de que la mayoría de las terapias psicológicas actuales centran su atención en el ahora. No hay que acudir al pasado para reparar lo que vivimos hoy. No hay que esperar al futuro para conseguirlo. El evangelio es un regalo para el presente. Queremos la felicidad para ahora. Hay un pasaje en la Biblia que es pertinente, porque procura amonestarnos sobre este asunto y dice de la siguiente forma:

Mas ¿qué dice? Cerca de ti está la palabra, en tu boca y en tu corazón. Esta es la palabra de fe que predicamos.(Romanos 10:8).

Pensar que no se es feliz porque soy pobre, porque otros no me dejan serlo, o porque Dios no me ama, aumentan el pesar y la indecisión. Como dice otra vez el citado Mason: "cuando uno se excusa se acusa". Y hay muchos autores que piensan que la mayoría de los fracasos se deben a este mal. Buscar excusas para no hacer algo. Me gusta el pensamiento ese de que: "las excusas son las herramientas que las personas sin propósito o visión usan para edificar enormes monumentos vacíos" (Mason). La verdad es que la excusa no sirve de mucho. Es una forma de echarles la culpa a otros o de intentar explicar nuestra incapacidad para resolver los problemas de manera adecuada. Cuando Adán desobedeció y probó el fruto prohibido, en vez de enfrentar la situación con dignidad y reconocer su error, descarga la culpa contra su compañera: "La mujer que me diste". La mujer a su vez cuando es interrogada por Dios vierte el veneno de la excusa contra la serpiente. A decir verdad, en última instancia, la culpa, que es ajena, recae sobre el Creador. Después de todo fue él quien puso a la serpiente y trajo a la mujer. Las discusiones estériles de muchas parejas de matrimonio se deben precisamente a no aceptar la carga de responsabilidad que conlleva sostener una relación armoniosa. Después de muchos años de reflexión, lecturas y análisis, he llegado a la conclusión de que lo importante no es quién tiene la razón, sino cómo se puede solucionar el problema. Culpar a los demás o mantener la culpa uno, sólo nos conduce a un callejón sin salida. Lo importante es reconocer los síntomas y buscar la manera de controlarlos.

Por otro lado, muchas personas son infelices porque no se atreven a probar lo nuevo. Les han enseñado que ciertas cosas son prohibidas y otras "nadie las hace". Por supuesto que hay que aprovechar la experiencia de otros, pero no necesariamente porque destilan autoridad. Cuando Jesús caminaba con los apóstoles, enseñándoles sobre las grandes verdades acerca del Padre, los fariseos se enojaron con ellos porque no se lavaban las manos, o porque no guardaban el sábado, o porque no ayunaban. Todo era reglas y tradiciones que matan la espontaneidad y la libertad de vivir. Hay la convicción-sincera muchas veces- de que Dios se complace en ver caras serias y amargadas. Personas "convertidas al evangelio", ya no van a fiestas, ni a teatros, ni les gusta reír, porque piensan que todo esto es pecado. Lo que los demás piensan no necesariamente consiste en la verdad. La tradición vista en estos términos, paraliza. Muchas parejas dejan de disfrutar su relación sexual por motivos irracionales producto de unas enseñanzas basadas en la tradición y el prejuicio. Como dijo Pablo "hay que examinarlo todo y retener lo bueno" (1 Tesalonicenses 5:21). El principio expuesto por el escritor es que no debemos aceptar las cosas porque sí, porque lo manda una tradición alguna creencia o alguien considerado "una autoridad". Más bien debemos aprender a separar la paja del grano. Este punto es esencial para la adquisición de un carácter sano y saludable. San Pablo- hablando de la libertad cristiana- es decir de la libertad de imposiciones y reglas fatulas- nos invita a razonar, y analizar todo aquello que pueda mantenernos felices y alegres dentro de la cordura y la discreción. Por eso escribe en I de Corintios 6:12 lo siguiente:

Todas las cosas me son lícitas, mas no todas convienen, todas las cosas me son lícitas, mas yo no me meteré bajo la potestad de nada.

Dios nos ha liberado de las imposiciones, y de las cosas que nos amargan. Pero al mismo tiempo pide que usemos nuestra libertad de criterio con prudencia. La mayor parte de los cristianos que leen la Biblia ponen su atención en el segundo aspecto del consejo paulino. Pero se olvidan del primero. Es como si estos buenos hermanos se complacieran en mantenerse atados a normas y reglas. "El todo me es lícito" es una invitación a disfrutar la vida, a buscar la alegría, a dejar atrás aquello que pudiera fastidiarnos y envilecernos. Es decir, puedo comer lo que quiero. Disfrutar de las buenas lecturas, de las grandes obras cinematográficas, de los museos y de los viajes. Es lícito hacerlo siempre y cuando no se irrumpa en la libertad de otro. Al invadir la privacidad de otra persona no estoy actuando con amor sino con egoísmo. Y el egoísmo es un enemigo craso de la felicidad. Nuestra libertad está condicionada a no infringir ni invadir la libertad de otro. El contexto de la licitud es que hay límites para la libertad. La fornicación por ejemplo trae conflictos internos, reproche al cuerpo de Cristo, la iglesia, y es como si arrancamos un miembro de la totalidad y lo colocamos en otro lugar. Lo que significa que volvemos a ponernos en esclavitud.

¿Qué hacer?

1. Viva la vida a plenitud
2 Disfrute los gustos de su preferencia sin endeudarse
3. Nunca use su libertad en Cristo para perjudicar a otros
4. Disfrute lo nuevo siempre y cuando fomenten la paz y el bienestar

EL MODO DE VIVIR
LA VIDA PLENA

Las investigaciones de un psicoterapeuta llamado Lawrence Les-han confirman con evidencia todo cuanto hemos analizado. El investigador descubrió que la mayor parte de la gente que se enferma de cáncer- si las causas no se deben a abusos de sustancias químicas o desórdenes genéticos- es porque han perdido el sentido de sus vidas o el horizonte de sus metas. Los viudos y viudas encabezan esta clase de pacientes. Es como si después de que fallece su pareja, todo lo demás hubiera perdido significado. O peor aún, el amor a sí mismos pasaba a un segundo lugar. Conclusiones que coinciden con las de la logoterapia.

Hacen cosas que no les gusta hacer o viven vidas esclavizadas a creencias que no les traen felicidad. El amor al prójimo no está reñido con el amor a uno mismo. De hecho la lógica nos dice que no podemos hacer mucho por otros si no estamos sanos. No podemos salvar a alguien en un peligro inminente si primero no nos ponemos a salvo nosotros. Sabemos de casos en los que un padre se ha tirado al mar a salvar a su hijo sin tomar las debidas precauciones y ambos han perecido. A bordo de un avión, las instrucciones principales son colocarse la máscara de oxígeno primero antes de intentar ayudar a otro.

Según el experto, la psicología tradicional se ocupa de hacer las siguientes preguntas:

¿Qué es lo que anda mal en esta persona?
¿Cómo llego a eso?
¿Qué puede hacerse al respecto?

Compare estas mismas preguntas con las que propone Leshan:

¿Qué anda bien en esta persona? ¿Cuáles son sus maneras especiales y únicas de ser, de relacionarse, de crear, las cuales constituyen sus maneras propias y naturales de vivir? ¿Cuál es la música especial que toca en su vida, su canción única para cantar, de manera que cuando la canta se alegra de levantarse por la mañana y de irse a dormir por la noche? ¿Qué estilo de vida le daría placer, entusiasmo y compromiso?

Él mismo contesta:

Se busca lo que funcione bien en el paciente, no lo que anda mal. Pero nuestra vista suele ponerse en lo que anda mal, en aquello que nos está matando.

Lo que me recuerda un cuento de Pablo Coelho quien en su narración dice que visitó una familia en navidad. Dicha familia tenía un árbol de navidad con muchas bombillas prendidas y algunas apagadas. Uno de ellos, una mujer, puso su vista fijamente en las bombillas apagadas. Habiendo tantas prendidas se concentró en las que no funcionaban. Así nos sucede con frecuencia, cuando nos volvemos negativos y pesimistas, después de todo, pensamos, ¿Qué puede andar bien en un ser derrotado por la depresión y el pesimismo? O mejor, ¿Qué podría ayudar a una persona en este estado emocional? El psicólogo contestaría: investigar qué es lo que le gusta, lo que le hace feliz, lo que le daría razones para vivir. Desde nuestro punto de vista las primeras preguntas tienen relevancia en cuanto que tratan el porqué de nuestra infelicidad. Estamos haciendo lo que no nos gusta, lo que nos causa pesar, lo que a todas luces me provoca tensión y miedo. Podríamos argumentar-dado el hecho de que soy creyente-que lo que anda mal en la persona, es que necesita a Cristo. La segunda pregunta de por qué llegó a ese estado es sencillamente debido a que sigue ignorando la fuente de la vida y lo que puede hacer es, sin mayor vacilación, nada más ni nada menos que volver a Dios. Se puede objetar todo cuanto decimos y quizás no estar de acuerdo con nuestro punto de vista, pero la experiencia me indica que la gente no es feliz sin Dios. Por ello no podemos hablar de felicidad sin acudir a Cristo. Los principales manuales de autoayuda divulgan técnicas que pueden beneficiar a ciertos pacientes con enfermedades mentales o neurosis de angustia y obsesivas, pero no pueden, mediante estas técnicas sicológicas, obtener sanidad para el alma. Eso se obtiene única y exclusivamente aceptando a Jesus. Sin embargo, una vez que se ha dado este paso las preguntas del psicólogo toman vigencia. El sistema inmunológico del cuerpo responde cuando hay una actitud favorable hacia la vida, cuando hay optimismo y esperanza. Somos menos propensos a las enfermedades. De hecho el psicoterapeuta muestra esta verdad con ejemplos de pacientes con cáncer tratados por él durante mucho tiempo. Es lo que hace la buena noticia. Nos llena de fe y esperanza. Nos proporciona una visión nueva del mundo. Nos asegura con mucha certeza que por fin encontramos el camino. Empero vayamos otra vez a las preguntas que más me fascinan:

¿Qué anda bien en esa persona? Es decir, ¿qué me gusta hacer que me causa felicidad y lo he dejado de hacer o nunca lo he hecho? ¿Le gusta oír música? ¿Pintar? ¿Correr a caballo? ¿Escribir? ¿Se ha dado tiempo para hacerlo o siempre ha estado tan ocupado en otras cosas que no tiene tiempo para sí mismo?

En conclusión: la terapia consiste en hacer lo que a uno le gusta, lo que sea edificante y provechoso.

Otra pregunta fascinante que hace el psicólogo hacia los pacientes pone a uno a pensar de inmediato:

¿Qué clase de vida vivirían si ajustaran el mundo a ellos, en lugar de-como han hecho la mayoría de los pacientes- ajustarse ellos al mundo? Nuestra capacidad para desplegar nuestras habilidades dependerá de la respuesta que demos a esta pregunta.

Repetimos otra vez la frase de Jesús: En el mundo tendréis aflicción pero confiad yo he vencido al mundo (Juan 18:33). Y en otra parte: "No son del mundo pero están en el mundo" (Juan 17). Si no queremos pertenecer a este mundo, es decir ajustarnos a sus patrones y modo de ser con sus implicaciones culturales y étnicas, tenemos la libertad y el deber de hacerlo. Significa que tenemos una responsabilidad con el mundo pero no es necesario que pensemos y actuemos como éste. De hecho la predicación del evangelio de la buena noticia muchas veces contradice sus ideales porque así es como logramos que Dios reine, que se haga su voluntad tal y como Cristo ruega en la oración modelo.

"Ajustar el mundo a nosotros" implica que sustraemos el insumo de aquello que nos hace felices, que tomamos prestado para nosotros lo que hay de bueno y desechamos lo que hay de malo. Esto invariablemente hará que nuestras vidas cambien de inmediato. En su exposición el psicólogo proclama que:

De acuerdo con mi teoría, todas las personas tienen una forma natural de ser, relacionarse y crear, cuando la encuentran, la usan de la manera más gratificante para ellas.

Yo personalmente la encuentro viviendo para Dios. Otros la encuentran haciendo lo que les gusta. A propósito de lo que dice el psicólogo, la Biblia habla de una "nueva canción" antes de que este psicoterapeuta imaginara su teoría. En el salmo 77:6 el escritor en medio de sus aflicciones se acordaba de los buenos momentos de su vida:

Acordábamos de mis canciones de noche, meditaba con mi corazón, y mi corazón inquiría.

La nueva canción proviene de un corazón agradecido, lleno del Espíritu Santo que goza de los dones espirituales. La nueva canción no es otra cosa que el evangelio. Cantar la nueva canción de la vida no solo renueva el espíritu sino que transforma los pensamientos. Cuando uno canta, se liberan las tensiones y la existencia adquiere nuevos matices. La nueva canción de la que habla Leshan es la manera correcta de ver la vida haciendo lo que nos interesa, lo que es pertinente, lo que nos satisface y hace feliz. Más adelante desarrollaremos el tema de la nueva canción. Por lo pronto debo decir que yo encuentro esa satisfacción practicando las enseñanzas de la Biblia. Pedagógicamente un estudiante aprende-y por lo tanto se transforma su conducta- cuando el maestro busca la manera de motivar su interés, cuando busca que el material se convierta en algo pertinente y necesario para su vida.

Es lo que hace Dios con nosotros.

¿Qué hacer?

1. Es importante poseer una buena estima de sí mismo
2. Mírese al espejo como una persona única y especial
3. De gracias a Dios por lo que usted es y porque Dios lo ha escogido
4. Piense en las cosas que más disfruta
5. Analice estas cosas y vea si hay edificación para usted y para otros

LA VIDA EN ABUNDANCIA

Desde el punto de vista bíblico para que haya una nueva canción tiene que haber resurrección. Es decir, debe mediar la muerte de lo primero para establecer lo segundo (Hebreos 8:7). En nuestro caso, hacer morir los viejos hábitos de pensar negativo, de hacer morir muchas tradiciones y pensamientos erróneos, con los que hemos vivido como si fueran ley. Hay que comenzar a pensar "con la mente de Cristo". Cuando Pablo habla de que somos una nueva creación nunca se refiere a que, como han interpretado muchos escritores, ahora estamos sin pecado. Esto último ni es real ni bíblico. Sólo Cristo resucitó para no morir jamás, sólo Cristo ya no tiene relación con el pecado. Por eso es considerado, en su calidad de representante, como una nueva creación. En otras palabras, el Dios encarnado, nuestro segundo Adán, es la nueva criatura. Ahora bien, según san Pablo, el que está relacionado por la fe con Cristo, es decir, representado en su persona, es una nueva creación con una nueva canción en su boca. Por representación. No lo es en sí misma. Una vez establecida esta premisa, estamos preparados para entender lo que significa "tener en la boca una nueva canción".

El hombre Dios que está a la diestra del Padre representa a la humanidad. Por lo tanto los pequeños e insignificantes habitantes de este planeta de pronto ocupamos la posición más alta de todas en virtud de la obra de Jesús. Al venir a Él, recibimos la vida. No es que la recuperamos, es que la recibimos. El encuentro con la otra realidad, la espiritual, Pablo la considera una nueva creación. Cristo la llama "vida en abundancia". Es la nueva canción que pone en nuestros labios. Leshan hablaría de la canción que nos gusta, que nos divierte, que nos complace, pero para nosotros, lo que heredamos, lo que recibimos no es cualquier canción sino que se trata de La canción porque se trata de vivir a plenitud, con propósito y sentido, porque es vivir creciendo y no como la filosofía de la célula del cáncer que es vivir sin propósito alguno y ya sabemos cuáles son los resultados en un organismo. Pero crecer viviendo, hacer lo que nos gusta, disfrutar a plenitud en la nueva dimensión de la fe, es lo que Cristo nos propone. Cuando escuchamos en las bienaventuranzas eso de amar al enemigo sentimos en lo interior un cosquilleo. ¿Quién, yo? ¡Jamás! Como si Cristo nos estuviera pidiendo algo más allá de nuestras posibilidades y es cierto que es difícil, pero con la nueva canción, no es imposible. Amar a quien no nos ama va en contra de nuestra naturaleza egoísta. Porque la fe es un don que viene de Dios. No se encuentra en nuestra carne. No es parte del repertorio de habilidades y destrezas que nace y se desarrolla con nosotros. El Señor pues, nos pide un acto de fe. La fe que arranca al futuro la esperanza, que cristaliza el reino de Dios, que trae al presente las cosechas del futuro. Debo amar a mi enemigo como un acto de fe, por amor a otro. Quiero decir por amor a Cristo. No tengo que sentir simpatía por el enemigo sino verlo, no como es, sino como debiera ser. Es lo que Pablo dice cuando advierte que debemos mirar a las personas que nos rodean a la luz del Resucitado. Y si a Cristo lo conocimos según la carne, ya no le conocemos así… (2 Corintios 5:16)

Ver a otras personas a través del Resucitado significa que lo tratamos como debiera ser y no como realmente es. Porque la resurrección implica "que todo es hecho nuevo" en la dimensión de Dios que es para nosotros la de la fe. No es un mandamiento para santurrones ni un ejercicio de la voluntad. La abundancia de que habla Cristo precisamente es aquello que desborda cualquier genograma de plenitud. La venganza, el rencor, minan nuestra salud. Las enfermedades psicosomáticas evidencian de manera gráfica lo que decimos. Amar desde la resurrección es comenzar a vivir el padre nuestro donde se pide: "que se haga tu voluntad aquí en la tierra como en el cielo."

La posición de Jay Adams con respecto a los desajustes psicológicos de las personas en su relación con los demás, me parece tan interesante y pertinente que se nos hace obligatorio considerarlo. En su libro Capacitados para orientar, asume la posición de que en la mayoría de los casos- dejando a un lado las posibles traumas originados por químicos y otros desórdenes genéticos. Son problemas de comportamiento. Las personas se enferman-alega él- porque se comportan de manera indebida. No se comportan de manera indebida porque se enferman. Esto contradice nuestra actual manera de ver las cosas. Es un asunto que los psiquiatras modernos están considerando con mucha atención y nosotros con ellos. También esta es la posición de William Glasser en su *Terapia de la realidad*. El punto más importante, tanto de Glasser como de Adams, es que el hombre es responsable ante lo que hace. La responsabilidad es central en el pensamiento de estos terapeutas. Nuestro llamado a Cristo es a volver a recuperar nuestra mayordomía, perdida en Adán. ***Vivir en abundancia entonces es vivir de manera responsable.*** Para el creyente, la posición que hemos alcanzado en el cielo por representación- a la diestra de Dios- indica no sólo que estamos en un lugar de privilegio sino en la posición de mayor responsabilidad que existe. Por esto Frankl escribe del papel protagónico de la responsabilidad en la realización de una vida plena y saludable, lo que según él, distancia su teoría de la de Freud. El pensamiento de este autor es avalado por la Biblia. En la primera carta de Pedro este cita el salmo 34, versos 12 y 13 para indicarnos que la vida plena proviene de un vivir sano en armonía con la nueva dimensión de fe que trajo Cristo a la luz con la resurrección. Como dice la Escritura:

El que quiere amar la vida y ver días buenos, refrene su lengua del mal y sus labios no hablen engaño, apártese del mal y haga el bien, busque la paz y síguela. (1 Pedro 3:10).

Refrenar la lengua del mal implica adoptar como norma de vida la nueva canción. Una persona que busca en el alcohol y las drogas el disfrute y la alegría, calma por unos instantes su dolor, pero se hunde en un precipicio del cual probablemente no podrá salir sin ayuda. Refrenar la lengua del mal parece abarcar también, a mi juicio, el aspecto físico de la humanidad, porque podemos hacer mucho mal con los chismes y las habladurías insensatas, las quejas y las cizañas pero además puede incluir el lado de la glotonería y las francachelas y por lo tanto lo mejor sería abstenerse de comer o beber todo aquello que pueda perjudicar a la salud. Comidas chatarras, abundantes, alcohol y drogas son los mejores aliados de las enfermedades y de los problemas matrimoniales y de salud y por lo tanto de la infelicidad. El aspecto espiritual sin embargo se considera en la segunda parte: y sus labios no hablan engaño. Nadie tiene un corazón completamente puro, pero nosotros somos capaces, en gran medida, de controlar nuestros pensamientos para no herirnos a nosotros mismos o a los otros.

La vida en abundancia significa que veo las cosas a través del ojo de la fe. En la filosofía oriental los lamas hablan de un "tercer ojo" que para ellos suele estar localizado en la frente. Nosotros los cristianos podemos hablar de este tercer ojo llamándolo la fe. Ver las cosas con el ojo de la fe significa otra vez que las percibimos como debieran ser y no como son. Es la confianza de que en todos nuestros asuntos- aún los más cotidianos- Dios sigue presente. El análisis desapasionado del capítulo 11 de hebreos nos dará una perspectiva única de lo que significa la vida en la fe y por lo tanto en la abundancia. Primero hay que señalar que la fe y la abundancia en este contexto son sinónimas Fe = abundancia. La vida en abundancia es una redundancia. Esto significa vida + vida es decir vida llena de más vida. En alegría, sobrecogida por la paz y la confianza de que Dios está a cargo. Pero la paz y la alegría no son corolarios de pasividad o inactividad como pudiera parecer. Muchas veces la fe se presenta como el motor que impulsa el logro de nuestros objetivos dentro de una fórmula matemática de "sí pero no" característica de toda la acción en la Biblia. Es lo que nos presenta con claridad la vehemencia del escrito de hebreos: Abel alcanza la declaración de "justo", es decir la paz con Dios al presentar por la fe una ofrenda más exquisita que la de su hermano. Probablemente porque visualizaba a Cristo. Noé prepara un arca, es decir le cree a Dios, y hace algo. No se queda quieto en la contemplación. La fe se apropia del futuro convirtiéndolo en presente. Uno vive el futuro en el presente. Noé se apropia por la fe de la justicia de Cristo simbolizada por el barco. No se trata de la fe más las obras, sino de la fe produciendo obras. La fe en acción que deviene en fortaleza, impulso y activación. Abraham, el padre de la fe, "conquista" sus metas y objetivos cuando con confianza en la Palabra cree y actúa. Abraham tiene una herencia —a tierra buena de Canaán— pero tiene que salir en su busca. Otra vez el Sí pero no. El hombre se lanza a lo desconocido, salta las barreras, rompe los obstáculos y llega. Las dificultades no lo detienen. Se siente como un extraño en la tierra. Experimenta la sensación de desarraigo, que es característico del depresivo, la tristeza del que abandona su contorno para familiarizarse con lo otro. Siente la soledad del exiliado, del emigrante, del sin sentido. Pero este es el riesgo que experimenta el que se atreve. Muchos de los triunfadores de hoy pasaron por múltiples vicisitudes para llegar a la meta y obtener el éxito. Dicho sea de paso en mis primeros años de universidad estudiamos al gran escritor español Unamuno, quien en su famoso ensayo Adentro, cuestiona el proverbio de las mentalidades tradicionales cuando afirman que "más vale pájaro en mano que cien volando" y alega que en ocasiones es menester dejar el pájaro que está en la mano y salir tras los pájaros que van volando. Es muy riesgoso, hasta peligroso, pero muchas veces hay que obedecer la voz interior que nos persuade a enfrentar lo que sea. Los pájaros que van volando pueden perderse en el ancho espacio del firmamento. Podemos quizás perder el rastro, pero si vamos con la fe puesta en Dios, el objetivo va a estar seguro. Pues Dios es el Dios de lo imposible. El conformismo no fue el modo de vida de los antiguos que le creían a Dios. Tampoco debe ser el nuestro.

Por eso Abraham es el padre de la fe. La fe va tras el rumbo de los pájaros que buscan otros horizontes. Nadie dice que en ese camino no va haber sufrimiento. Sufrir es parte del aprendizaje y saber manejarlo es también parte de la conquista de la felicidad. Ningún músculo se desarrolla sin ejercicio. La fe es "el músculo" más importante del creyente. Dios nos pone a prueba para desarrollarlo. De vez en cuando, en ese proceso, tendremos que "vivir en tiendas" como peregrinos, como si no formamos parte de, pero es precisamente en ese estar en el proceso, el que contiene la catapulta del triunfo. Hay que reiterar el hecho de que la felicidad no es un fin en sí mismo. La felicidad está contenida dentro del proceso. El hecho de que estemos en rumbo ya nos garantiza un estado anímico esperanzador que precede a la sensación sanadora de la felicidad.

Abraham tenía un proyecto, un propósito, una meta y se guiaba hacia ese proyecto: *"que tiene fundamentos cuyo arquitecto y constructor es Dios"* (Hebreos 11:8-10). Sin embargo la fe no es el esfuerzo de uno. El esfuerzo de uno viene de la fe. La fe produce el milagro de la intervención divina. Fe es creer que Dios interviene, que él está en el proceso. La fe predispone la presencia divina. Por eso Sara siendo estéril tuvo un hijo. No había forma humana de que lo tuviera, pero la confianza en la palabra divina produjo el gran milagro de la concepción. De una mujer vieja y estéril y de un viejo cansado y frustrado dependía el futuro de toda una nación. Tuvieron que esperar mucho tiempo, hubo dudas y acciones impropias de ambas partes del matrimonio. Sara quiso que su esposo tuviera un hijo de la esclava y el propio Abraham accede echando a un lado, momentáneamente y en su desesperación, la palabra de la promesa. Esto nos demuestra que no es el esfuerzo de uno propiamente el que produce el milagro de la intervención divina *sino fidelidad de Dios*. El promete y cumple a pesar de nuestras flaquezas y frustraciones. Luego de que Sara concibe al precioso hijo de la promesa Dios vuelve a poner a prueba al profeta. Ésta consiste nada más ni nada menos que en sacrificar a Isaac, el hijo tan esperado. No sabemos a qué tipo de vacilaciones se enfrentó el gran hombre de la fe, pero una cosa es cierta: obedeció la orden de matar a su hijo (Soren Kierkegaard diría que dio "un salto de fe").

Una y otra vez la Biblia nos demuestra que la felicidad no está en la ausencia de problemas y dificultades que nos sobrevienen a cada rato sino en la estricta obediencia a la palabra de Dios. La fórmula no sólo de pan vivirá el hombre continúa vigente. Nuestra paz y felicidad deben descansar sobre la sólida base de la confianza en que Dios tiene el control. Nuestros actos son bendecidos en la medida en que lo hacemos bajo la sombrilla de esta esperanza. Por más que los psicólogos y terapeutas digan que las cosas dependen de nuestra actitud y confianza en nosotros mismos esta verdad sigue siendo una verdad a medias. No todo depende de uno es cierto, pero nuestra perseverancia y entusiasmo, nuestro liderazgo y empeño pueden hacer que las cosas cambien y operen a nuestro favor. Es obvio que las murallas de Jericó no se cayeron porque soy positivo o tenga un gran entusiasmo, pero sí se caen cuando al obedecer el mandato de rodearlos y darle siete vueltas, soy fiel a la Palabra de Dios.

Hay que examinar el problema por todos los ángulos, darle las vueltas necesarias y buscar la manera de que la dificultad se convierta en una oportunidad para el éxito. No siempre las cosas hay que hacerlas con prisa, otras veces hay que darles la vuelta, pensarlas, analizarlas y sobre todo ponerlas donde se debe. El hecho mismo de que permanezcamos en la batalla ya es parte del triunfo. Las murallas de Jericó lo mismo hubieran caído sin rodearlas, pero Dios da un mandato, aunque parezca absurdo, d había que obedecerlo. El caso de Rahab (una prostituta que sin embargo tuvo fe y confianza en el Dios del cielo) me parece uno de los relatos más interesantes del Antiguo Testamento puesto que revela que la fe va más allá de la confianza y de los límites de los principios. Los mandamientos, tengo que decirlo, no son camisas de fuerza a los que hay que ajustarse sin considerar los pormenores y circunstancias a los que sirve. Los mandamientos como el sábado son hechos por causa del hombre, para mantenerlo en una perspectiva de vida en armonía con su Creador. Dios no exige ni hace las cosas por capricho, siempre hay detrás de todo un propósito.

Los mandatos no son un fin en sí mismos sino que persiguen la protección y estabilidad de quien los sigue. Cuando Jesús "violenta el sábado" según la opinión de los fariseos, persigue una finalidad que trasciende la mera obediencia. El sábado, argumenta- fue hecho por causa del hombre y no viceversa. Sanar a un hombre el sábado es la finalidad del mandamiento. Sanar, hacer feliz a alguien, procurar el bien a los demás. En este sentido, Cristo y no los fariseos guardaba el sábado. Cuando Rahab "miente" es considerado por hebreos como un acto de fe porque cumple con una finalidad de protección. Los espías se salvan por la intervención oportuna de la mujer y ella a su vez logra salvarse debido a ese acto de fe. Es por eso que Santiago —el autor inspirado en estos temas— puede afirmar sin vacilaciones que "la misericordia vence sobre el juicio" (Santiago 2:13). La ley o los mandamientos son juicio, pero también son propósito y la bondad y el amor van más allá de quién tiene la razón.

San Juan cap. 8 nos demuestra con claridad este mismo principio. La ley manda que se lapide a los que son sorprendidos en el acto del adulterio. Según los fariseos, la ley fue escrita en piedra y no hay forma de evadirla. Es inconmovible, porque es palabra eterna. No había de otra. Hay que apedrearlos, no hay más remedio. Es el caso de la mujer adúltera: ¿Tú qué dices? Cristo permanece callado, acaso esperando que alguien salga en defensa de la mujer, una voz que, solidarizada con el perdón, procurara la misericordia y no el castigo, la bondad y no el juicio. Pero no la hubo. Todos ansiaban el espectáculo del castigo porque —de acuerdo con la ley del pecado— la morbosidad es parte de esa tendencia. El espectáculo de la lapidación o de la muerte produce un cierto placer patológico de quienes disfrutan de la maldad. De hecho, hay quienes incitan a las personas que procuran el suicidio a realizarlo. Pero Cristo frenó las cobardes ansias por consumarlo con su famosa sentencia escrita para la historia en el muro del tiempo: "el que esté libre de pecado, tire la primera piedra".

Es decir, nadie debería atreverse a juzgar, ni convertirse en juez porque todos estamos bajo la misma sentencia de condenación (estamos en el mismo bote). Allí sólo había uno que podía justiciar a la pecadora y era Jesús. Pero él no vino para condenar "sino para salvar". La lección es obvia para toda generación. Cuando alguien está caído, debemos ayudar a levantarlo. Pisoteando al caído, lo que logramos es perpetuar la infelicidad del otro y la nuestra.

La nueva vida

Hablar de la conciencia como el mejor juez, a mi juicio, es inexacto y hasta peligroso dado el hecho de que los seres humanos formamos nuestros valores y costumbres sobre la base de la educación.

Las culturas y los pueblos ven la vida de manera distinta, y por lo tanto lo que es bueno para uno, no necesariamente lo es para el otro. La conciencia es el producto del conjunto de enseñanzas que nos han legado como herencia nuestros padres y éstos a su vez de los suyos. No es ni buena ni mala. Es por eso que no podemos juzgar nuestros actos ni los de los demás, sobre la única base de nuestra conciencia. Pero cuando hablamos de la visión de mundo creada por la expectativa de la resurrección de Cristo las cosas toman un cariz distinto. Es algo que vamos a seguir recalcando dada la importancia que tiene para nuestro análisis.

La salud mental y la espiritual dependen de que entendamos este punto.

Se trata de vernos a nosotros mismos como Dios nos ve. Es decir criaturas restauradas, perfectas, sin mancha y sin arrugas y por lo tanto listas para iniciar en el mundo una revolución provocada por el amor. El hecho de que el cristianismo tenga tan mala imagen ante el mundo se debe a mi juicio a que no se ha entendido el mensaje evangélico desde la experiencia de la resurrección. La resurrección es la nueva canción, el nuevo lenguaje, la tierra nueva. Entender la resurrección es visualizar mi vida presente con una expectativa futura que ya se dio en Cristo como el representante de la humanidad y que falta por iniciarse en nosotros. La fe se apropia de esa expectativa futura y provoca un cambio en mi manera de pensar, es decir, en mi conciencia, para verme no a mí mismo sino a los demás de manera distinta. El que Dios se haya convertido "en barro" significa que el barro adquiere un valor infinito. No se trata de que el hombre fue hecho del barro sino que ahora Dios adopta la forma del barro. Somos amados con el mismo valor con que Dios ama a Cristo.

Que Dios nos ama es una frase que todo creyente acepta. Que Dios nos ame como ama a Cristo es algo nuevo, inusitado y poco evidente. La nueva creación alude a este hecho fundamental. Somos amados por Dios de la misma forma que Dios ama a Cristo. Nuestra estima se ha fortalecido con el advenimiento del hombre resucitado.

Pero también nuestra visión del prójimo. Repetimos la frase bíblica: Si a Cristo lo conocimos según la carne ya no le conocemos así, como exclama san Pablo. Esto significa que, de acuerdo con el apóstol, comienza a cumplirse el mandamiento de Mateo cap. 25, es decir, ver al Representante en el representado. Muchos alegados ateos culpan al cristianismo de las malas acciones de los cristianos, pero sin darse cuenta de que en vez de obedecer al mandato del Señor, muchos presuntos cristianos obedecen la voz de su conciencia, es decir, son fieles seguidores de sus costumbres y de su cultura que de la Palabra. La verdad es que si los cristianos siguiéramos el consejo espiritual de Pablo, haríamos las obras de caridad a nuestro prójimo como si fuera a Cristo mismo. Nos sentiríamos nosotros mismos coparticipes con el destino de los otros. En este sentido no habría desigualdad, ni discrimen.

Las preciosas expresiones paulinas según las cuales: *"no hay hombre ni mujer, ni esclavo ni libre"* en la persona de Jesús, se cumplirían a cabalidad. Nota la forma cómo vivían las comunidades cristianas cuando por primera vez se les enseñó el cristianismo a partir de la vida del Resucitado en el cap. 2:43 de Hechos:

Todos los que habían creído estaban juntos y tenían en común todas las cosas y vendían sus propiedades y sus bienes y lo repartían a todos según la necesidad de cada uno.

La corrupción del cristianismo práctico es patente en la historia. Muchos cristianos se desviaron del camino quizás porque no entendían el profundo significado de la resurrección. De ahí la importancia de recobrar el sentido propio del evangelio como la buena noticia para que surjan los efectos. El evangelio hace todo "nuevo" es decir diferente, con el sello de la legitimidad y aprobación de Dios. El importante capítulo de Mateo 25 tratado muestra que el juicio de las naciones se basa en la pre comprensión del evangelio a "las ovejas". Las llamadas "cabritas' en ningún momento tuvieron conciencia de la revelación de la representación ni se percataron en ningún momento de su significado. Dado que el evangelio se basa en lo que le ocurrió a Cristo y no lo que le ocurre a los seres humanos, la inversión de los hechos, es decir poner en primer lugar lo que ocurre en los seres humanos, y no lo que sucedió en Cristo trae como consecuencia las interpretaciones erróneas de juicio sobre la doctrina. Culpar a Dios de las malas acciones de los cristianos es desconocer totalmente el mensaje del evangelio como la buena noticia.

La resurrección significa una visión totalmente distinta de la que poseemos ahora. Es ver el rostro del Señor en el necesitado. Ahí se encuentra el significado de la vida y por lo tanto el secreto de la felicidad.

"Por cuanto lo hicisteis a uno de estos pequeños, a mí lo hicisteis" abre las puertas para una vida con propósito, con verdadero sentido de lo que es empatía, y verdadera justicia. Lo demás es hipocresía y fariseísmo.

¿Qué hacer?

1. Vuelva a leer el cap. 5 de 2 Corintios y el cap. 25 de Mateo
2. Pida a Dios en oración que le muestre lo que es la solidaridad
3. Viva la fe desde el punto de vista de la resurrección
4. Vea a su vecino como si fuera su hermano en Cristo

AUNQUE HAYA UNO

El examen minucioso del libro de Job muestra claramente la importancia capital de la representación en el plan divino. Satanás recorría el mundo corrompiendo todo, y acusando a la creación, particularmente al hombre, de ser como él, un egoísta y mentiroso y por lo tanto, incapaz de servir a Dios por amor. Sólo quedaba uno, Job, un hombre íntegro, bueno, que amaba a Dios por encima de las bendiciones que recibía. El argumento poderoso de que "te sirve porque le bendices" es usado contra este hombre singular sin misericordia ninguna. Se le quita todo, casa, hacienda, familia.

La respuesta de Job fue contundente:

Jehová dio, Jehová quitó, sea el nombre de Dios glorificado (Job 1:21-22).

La prueba se intensifica y otro argumento, más poderoso que el anterior, es usado para quebrantar la firmeza y fidelidad de este hombre: "*piel por piel todo lo que el hombre tiene dará por su vida*" (Job 2:4). Es decir, Satanás argumenta que lo más importante para el ser humano es la vida física, huir del dolor, de todo aquello que le puede hacer daño (Es la filosofía budista). Evitar por cualquier medio el dolor. Si Dios no nos concede la salud corporal, claudicaremos, nos iremos de su lado. Dios también permite esta intervención haciendo la salvedad a Satanás no vaya más allá de herir el cuerpo. A pesar de sus dudas, de sus flaquezas humanas Job sigue pensando que Dios es justo y le devolverá pronto lo que permitió que se le quitara. Uno basta para demostrar que no todo el mundo es igual.

La historia de Job la confirma Jesucristo, en él Dios nos ve a todos. Nos enseña que no importa lo que nos suceda, Él volverá a darnos lo que hemos perdido incluyendo la paz y felicidad que tanto anhelamos.

La batalla ideológica vuelve con el más grande representante de la humanidad: Cristo. Si el Señor vence, nosotros también. La resurrección de Jesús es la clave para entender el triunfo de la humanidad, del bien sobre el mal, del espíritu sobre la materia. Más allá de las implicaciones y el significado que encontramos en el sacrificio pascual, representativo y sustitutivo de Jesús, para nosotros significa que no importa la maldad que impera, mientras haya unos pocos de pie, el mal no habrá triunfado. Las palabras de Jehová en 1 de Reyes 19:18 son pertinentes:

Y yo haré que queden en Israel siete mil rodillas que no se encorvan a Baal y bocas todas que no lo besaron.

Muestra que siempre existe un grupo, aunque relativamente pequeño, que permanece fiel. La batalla que sostuvo Elías con los profetas de este presunto dios demuestra que no es el número lo que cuenta para Jehová sino la fidelidad de unos pocos. Es el Nuevo Pacto de uno solo. En el Nuevo Testamento se cita el Antiguo para demostrar que Dios está en pie de lucha con los pocos que se dignan en servirle, como lo dice efectivamente san Pablo en Rom.11:4:

¿Más, qué dice la divina respuesta? He dejado para mí siete mil hombres que no han doblado la rodilla delante de Baal.

La pregunta pertinente es si usted y yo vamos a formar parte de ese contingente de personas que permanece fiel con la esperanza y la alegría de la buena noticia o si nos vamos a rendir ante la ola de depresión y tristeza que arropa como un tsunami a nuestro mundo. La desvalorización de la existencia, la entrega del espíritu a la materia, la preponderancia del dinero sobre los valores que dignifican a la persona, caracterizan la sociedad que vivimos. Pero no es el caso de los legítimos cristianos. Como dijo Jesús:

Estamos en el mundo. Pero no somos del mundo (San Juan 17:16).

Cristo dice que los cristianos somos luces en medio de las tinieblas o por lo menos que debiéramos serlo. Pero pregunto, ¿Qué es lo que hace que un cristiano brille como una luz en medio de las tinieblas? Para contestar esta pregunta tenemos por necesidad comenzar otro tema.

LUCES EN MEDIO DE LAS TINIEBLAS

Siendo un pueblo insignificante, sin color, dentro del marco que ofrece el mapa en el mundo, no es difícil señalar las razones que tuvo Israel para destacarse. Este pueblo no debería gloriarse de su fama. La única razón para reconocerlo es precisamente el legado de que está entre ellos el verdadero Dios. Como dijo Cristo: la salvación viene de los judíos (S. Juan cap.4). Dejemos que la Biblia hable sobre este asunto, desde el libro de Deuteronomio 7:

> *Porque tú eres pueblo santo para Jehová tu Dios. Jehová tu Dios te ha escogido para serle un pueblo especial, más que todos los pueblos que están sobre la tierra. No por ser vosotros más que todos los pueblos os ha querido Jehová y os ha escogido, pues vosotros erais el más insignificante de todos los pueblos, sino por cuanto Jehová os amó y quiso guardar el juramento que juró a vuestros padres, os ha sacado Jehová con mano poderosa y os ha rescatado de servidumbre, de la mano de Faraón, rey de Egipto. Conoce pues, que Jehová tu Dios es Dios, Dios fiel, que guarda el pacto y la misericordia a los que le aman y guardan sus mandamientos hasta mil generaciones.*

Sobre este mismo asunto y ya desde la óptica evangélica del Resucitado se expresa san Pablo de la siguiente forma:

> *Pues mirad hermanos vuestra vocación, que no sois muchos sabios según la carne, ni muchos poderosos, ni muchos nobles. Sino que lo necio del mundo escogió Dios, para avergonzar a los sabios, y lo débil del mundo escogió Dios, para avergonzar a lo fuerte, y lo vil del mundo y lo menospreciado escogió Dios, y lo que no es, para deshacer lo que es a fin de que nadie se jacte en su presencia. Mas por él estáis vosotros en Cristo Jesús, el cual nos ha sido hecho por Dios sabiduría, santificación y*

redención, para que, como está escrito: el que se gloríe, gloríese en el Señor (1 Corintios 1:26).

La felicidad, que para muchos no es sino una utopía, puede convertirse en una realidad en la medida en que nos colocamos del lado que perseguimos. Lo más probable es que estemos en el grupo pequeño de los menospreciados, pero con una herencia, a todas luces envidiable. Con el inventario que hace san Pablo de lo que hemos obtenido en Cristo nos hemos convertido en su tesoro especial. Descubrir el verdadero significado de la vida, del por qué estamos aquí, del propósito de nuestra existencia, se constituye para muchos, en el camino hacia la "utopía" de la felicidad. La vida en abundancia de la que hemos hablado, es el propio Jesús quien la define al autoproclamarse como el camino la verdad y la vida. Los sistemas religiosos que no se basan en el evangelio, definido como la obra de Cristo a favor del ser humano, están incompletos. Si Dios habla de gracia como el medio utilizado para alcanzar- fundamentado en la obra de justicia de su Hijo- que la fe le arranca al futuro la esperanza, entonces nada puede sustituir ese programa con legalismos o mandamientos que fuerzan la voluntad a prácticas que tienen como fin alcanzar lo que ya ha sido alcanzado para nosotros.

El ejemplo más fehaciente lo tenemos en el propio Jacob que pelea con el ángel por una bendición que ya le había otorgado Dios a su padre Isaac. Por eso es herido en el costado. Ni guardar el sábado, ni comer ciertos alimentos, ni ejercitarse en abluciones o rituales nos garantiza el acceso a la comunión. Sólo la fe en Jesucristo lo logra. Es decir nadie es feliz en la esclavitud ni con la imposición. Pero es realmente feliz quien es libre. No obstante la libertad no es verdadera sin la responsabilidad. El hombre es libre cuando es responsable de sí mismo. En su libro, *La presencia ignorada de Dios*, Víctor Frankl aborda con seriedad el tema que hemos tratado tan ampliamente al reconocer que la psicología no ha tenido en cuenta el aspecto espiritual que forma parte integral del todo de la humanidad.

En las parábolas del Señor no sólo hay un trasfondo de gracia pero también de cambio de paradigma, es decir de mentalidad hacia lo humano en abierta oposición a todo aquello que puede esclavizarnos y deprimirnos.

¿Qué hacer?

1. Desarrolle un espíritu perdonador
2. Mantenga alta su estima pero también la estima de los otros
3. Deje el lenguaje acusador y adopte uno de tipo evangélico
4. Siempre esté en disposición de servir, de dar y de compartir
5. Sea generoso y deje atrás la avaricia

ARRANCÁNDOLE AL FUTURO LA ESPERANZA

L as palabras de nuestro Señor: "Yo he venido para que tengan vida y la tengan en abundancia" (Juan 10:10) corresponden con las dichas de Jehová al pueblo en el momento en que se preparaban para iniciar su nueva vida en la tierra prometida. Moisés habla en estos términos:

Ahora pues si he hallado gracia en tus ojos, te ruego que me hagas conocer Tus caminos para que yo te conozca y halle gracia ante tus ojos. Considera también que esta nación es Tu pueblo.

Jehová contesta:

Mi presencia irá contigo y yo te daré descanso.

Para Moisés, nueva tierra, con árboles y gran fertilidad, con abundancia de agua y grandes campiñas, con riquezas naturales y toda clase de frutos no tendría ningún sentido si Dios no estaba presente. Esto viniendo de un pastor que toda su vida había vivido en tiendas en medio de un desierto, careciendo del elemento vital del agua, de la comida, y de las más elementales recursos naturales para satisfacer sus necesidades primarias. Sus palabras, son un ruego y deberían ser para nosotros una motivación diaria que nos sirva para impulsarnos hacia el futuro:

Si tu presencia no va con nosotros, no nos hagas salir de aquí

Sin Él las riquezas materiales son estériles, los triunfos inútiles, los éxitos puros cachivaches. La Presencia de Dios garantiza el descanso. Lo que diferencia a Israel de los demás pueblos no era su sabiduría, como tenían los griegos, ni los milagros como más tarde tendrían los judíos. Lo que diferencia a Israel de las otras naciones es la presencia divina entre ellos:

¿Pues en qué se conocerá que he hallado gracia ante tus ojos Yo y tu pueblo? ¿No es acaso en que Tú vayas con nosotros, para que nosotros, Yo y tu pueblo nos distingamos de todos los demás pueblos que están sobre la superficie de la tierra? (Éxodo 33:16).

Partiendo de este mismo modelo de pensamiento podemos decir que cuando se habla de la vida en abundancia nuestro Señor no se está refiriendo a una experiencia caracterizada necesariamente por la salud física o por la satisfacción de las necesidades psíquicas del alma. Cristo está diciendo que Su presencia garantiza estas cosas. Es su presencia lo que establece la diferencia. Cuando Jesús se define a sí mismo lo hace como hemos visto, en términos ontológicos:

Yo soy el camino, la verdad y la vida

El esfuerzo de los cerebros más brillantes y de las filosofías más avanzadas se estrellan contra la pared del enigma de la existencia que consiste en conocer la naturaleza de la verdad, hacia dónde vamos y cuál es el propósito de vivir. Pero el Señor resumió estas importantes cuestiones en una sola aseveración. En otras palabras, sin él ni hay camino, ni hay verdad, ni hay vida. Por eso no podemos hablar de la felicidad en abstracto, como un "estado psíquico proveniente de un elevado modo de pensar" sino de la oculta presencia de Cristo en nuestras vidas al estilo del primer Adán cuando gozaba de la permanente Presencia de su Creador. La felicidad está a nuestro alcance porque Dios la ofrece de manera gratuita en la persona de Cristo, nuestro representante y sustituto ante Dios.

¿Qué hacer?

1. Entregue su vida al Señor
2. Busque en la Biblia el evangelio
3. Piense de manera evangélica

4. Siempre tenga conciencia de que hablar del evangelio es cuando nos referimos a la vida, muerte y resurrección de Jesús a favor nuestro

5. Tenga conciencia de que sin Dios todo intento por ser feliz será en vano

UNA NUEVA VISIÓN DE LA VIDA

Considero este capítulo el más importante del libro

En muchas de las parábolas notamos un énfasis marcado en una nueva forma de ver la vida, esto es, una manera particular de vivirla. Se trata de renovar el pensamiento, o por decirlo de otra forma, una reorientar el modo en que afrontamos las cosas. En la narración sobre los odres un vino nuevo no puede ser echado en un odre viejo. Un odre era una especie de vasija de cuero en el cual se vertía el producto. El mensaje de redención no puede ser adoptado por una mentalidad que no ha sido acogida por la fe. Los pensamientos negativos, la derrota y el pesimismo ya no tienen lugar en el odre nuevo. No se trata de una naturaleza nueva, sino del modo en que la gracia nos libera para vivir al estilo de Cristo: de manera abundante. Más adelante retomaremos el tema de los odres.

La abundancia en lenguaje bíblico

Los llamados "ríos de agua viva" apelan a la vida en abundancia. No es que haya desaparecido el problema o la dificultad, es que ha cambiado la actitud con respecto a la situación. Los valores de actitud los había proclamado Jesús mucho tiempo antes de que Víctor Frankl hablara de ellos. Lo mejor de todo es que lo podemos lograr nosotros. Ahora, en estos momentos. No se trata de nuestro esfuerzo personal exclusivamente (como pasa con la psicología) sino de una mentalidad formada por el Espíritu Santo o lo que san Pablo llamaba "la mente de Cristo". Tener la mente de Cristo es pensar de una manera evangélica o en el lenguaje de hoy, una mente positiva. Volvamos otra vez al pasaje del apóstol Pablo en Filipenses 4:8:

Por lo demás hermanos, todo lo que es verdadero, todo lo honesto, todo lo justo, todo lo puro, todo lo amable, todo lo que es de buen nombre; si hay virtud alguna, si algo digno de alabanza, en esto pensad.

Cualquiera podría decir que nadie es capaz de mantener una posición como la que aquí se describe y sin embargo practicarlo de esta forma nos garantiza la paz mental que es algo que no tiene precio. Veamos si podemos al menos acercarnos a esta mentalidad de tipo evangélica dejando los prejuicios que trastornan el pensamiento:

Todo lo que es verdadero:

El "todo" aquí no es absoluto como si se tratara de Cristo mismo, más bien se refiere a la medida de nuestra capacidad para evitar el lenguaje mentiroso y la fatiga que produce sostener una mentira. Acercarnos a la verdad puede a veces ser peligroso, pero la mayor parte de las veces suele ser la mejor medicina para el alma. Así dejamos atrás la hipocresía, la inautenticidad, la máscara. Nos mostramos tal cual somos, gente auténtica que ha aprendido a amar. Como dijo Jesús:

La verdad nos hace libres.

A veces nos decimos cosas a nosotros mismos que no corresponden a la verdad de quiénes somos. El lenguaje impropio como "no valgo nada", "no sirvo para nada", "soy un bruto", "todo me sale mal" son frases del mismo infierno y deben ser echados a un lado si queremos mantener la sanidad. Cuando nos expresamos de esta forma estamos "alimentando" a nuestro cerebro con "pensamientos chatarra" es decir alimentos que son basura. Muchas de las depresiones de jóvenes y adultos de hoy provienen de esta forma de pensar.

Los pensamientos "chatarra"

No podemos exagerar la importancia de combatir estos pensamientos y sustituirlos por el pensamiento verdadero del que habla la Escritura. El cerebro es como una esponja que absorbe lo que le ponemos de frente. Nuestro cuerpo "capta" el mensaje que le enviamos y lo traduce en términos de cansancio, hastío, pesimismo y violencia verbal o física. La frase "yo no puedo" nos convierte en personas torpes y desconfiadas. Acciones simples como arreglar un grifo o mantener una conversación suelen ser pesadas y difíciles como caminar en la arena. Definitivamente los pensamientos oscuros a su vez oscurecen la claridad de la vida. La solución otra vez es descartarlos "cambiando de canal" y repitiendo versículos bíblicos que nos llenan de fe y de esperanza.

Pensamientos verdaderos

La lectura de buenos libros que interpretan a la luz del evangelio es un buen remedio para eliminar los pensamientos negativos que a veces sobrevienen al cerebro. La buena música, especialmente la que apela al sacrificio de Cristo y a la esperanza de su venida, enriquecen nuestra fe y nos motivan a seguir adelante. La expresión de "yo no puedo" debe cambiarse a "sí puedo" en el nombre de Cristo y si de verdad hay cosas que no salen bien, no por eso debemos considerarnos como fracasados porque a fin de cuentas nadie hace las cosas al cien. No todas las cosas nos salen mal. Es por eso que decir "no sirvo para nada" es una mentira que debe evitarse. Siempre hay cosas que nos salen bien. Seguimos siendo pecadores, la Biblia es clara al declararnos "reyes y sacerdotes" y "pueblo escogido". Sobre las expresiones y declaraciones es que debemos concentrar nuestra atención. Es necesario repetir muchas veces y aprender de memoria el pasaje de Filipenses 4:8.

En esto pensad.

La felicidad es algo que uno escoge, no es algo que está vedado. Otra vez se pone de manifiesto el "aquí y ahora" de las diferentes materias psicológicas como la Gestalt y la terapia de la realidad en oposición a las teorías freudianas. No hay que ir al pasado para resolver los problemas del presente. El Espíritu Santo nos devuelve la capacidad para producir los frutos del Espíritu de que habla san Pablo en Gálatas 5:22. Es posible y usted y yo podemos lograrlo. Una perspectiva es un nuevo ángulo que uno razona para intentar comprender algo específico. Se abren puertas que nos ayudan a tener una visión clara de un asunto. Pero esas "puertas' las abre Dios en nuestra mente para que podamos crecer y desarrollar la fe que nos permita comprender su voluntad para nuestra vida. Pensar con optimismo, con sabiduría, con visión evangélica es nacer de nuevo. Se trata de vivir "de fe en fe" tal y como lo proclama san Pablo en Romanos 1:17. "Por fe" significa que Dios nos revela el evangelio y para fe es que vivimos según las normas del nuevo reino. "Por y para" son las preposiciones que sostienen ese "nacer' para la vida en Dios.

Todo lo honesto

La honradez es una característica del nacido de nuevo. La tentación al robo, a la mentira, a la venganza o lo que es lo mismo, pagar mal por mal, trae como consecuencia conflictos internos y la reprobación divina. Lo que buscamos es la paz espiritual como secuela de la paz psicológica y solamente teniendo en orden nuestra vida logramos dicha finalidad. Cuando vivimos vidas divididas la tensión nerviosa es la norma. Eso pasa con los adúlteros, los mentirosos, y los avaros. Necesitamos de vez en cuando una retrospección, es decir un análisis interno y objetivo de cuán honrado somos con nosotros mismos y con los demás. No hay que convertirse en un ángel para lograr estas cosas. Tú y yo podemos lograrlo porque lo deseamos. Deleitarse en ver programas de televisión o cine elogiando la maldad o aprobando lo que vemos no es un buen patrón a seguir. Mucho menos la conducta licenciosa de los que dicen haber nacido de nuevo.

Todo lo justo

Pensar en todo lo justo nos lleva a una compenetración cercana al orden divino. Ninguna otra virtud nos acerca tanto y nos conduce a una paz interna equivalente a la mejor felicidad. No podemos dejar que las injusticias que se cometen en el mundo deterioren nuestro buen ánimo. Nuestra visión al convertirnos nos coloca en armonía con la verdad y lo bueno, esto es, con la convicción sobre lo que es la verdadera justicia. La capacidad de indignación no debe ser óbice para que nuestra paz se altere. No podemos cambiar al mundo. No es nuestra misión ni Dios lo exige. Pero sí podemos cambiar nosotros, sí podemos convertirnos en ejemplos vivos, sí podemos hacer la diferencia. Tú y yo podemos lograrlo porque son virtudes que están a nuestro alcance. Cristo fue mucho más allá de lo justo porque su justicia es la gracia. Por eso pudo perdonar a quien le hería. Él no nos exige tanto, pero sí que podamos perdonar para que no sufra nuestra salud mental. Muchas cosas en la vida son injustas y nuestro deber como cristianos es combatirlas con el fuego del amor y la persistencia. No hay de otra. La verdad es que la maldad no lleva a otra cosa que al vacío existencial y a la pérdida de la riqueza más importante: la paz.

Todo lo puro

El escritor cristiano no tiene ninguna intención de afirmar que nuestra naturaleza debe ser pura. Lo que sí dice es que el pensamiento debe nutrirse de cosas que afirmen la vida, no que la destruyan. Desechar la maldad, el juicio insano, la arrogancia y el menosprecio por los demás. Descartar los prejuicios, los malos hábitos, el desenfreno. Analizar las cosas, las lecturas y las conversaciones. No estar de acuerdo con las opiniones por quien las dice, sino por lo que dice. El pensamiento de los escritores y de los líderes, no importa el campo de acción en que se muevan, debe conformarse con el espíritu de caridad y de misericordia de la Biblia, particularmente del Nuevo Testamento. Lo "puro" va en armonía con lo verdadero, con lo excelente, con la justicia. Pero no con la justicia per se, sino con la justicia de lo alto que va más allá de la definición del concepto. La justicia divina es la gracia que nace del perdón y la misericordia. Cristo es la encarnación de esta justicia.

Todo lo amable

La amabilidad es fundamental para la relación social. Sin ésta se hace casi imposible la comunicación. Al adoptar pensamientos de amabilidad y cortesía cosechamos frutos de apacibilidad de parte de los otros. Es necesario pensar en cosas agradables, pensar en aquello que nos hace felices, que nos trae tranquilidad y sosiego. El conocimiento del evangelio es clave para interiorizar esto. El evangelio define el carácter de Cristo a quien se describe como puro y como sencillo de corazón. He conocido personas importantes, con títulos y cargos impresionantes cuya sencillez asombraba y a otros con los mismos títulos ser odiados por las personas debidas a su arrogancia y menosprecio hacia el otro ser humano. La amabilidad nace en el pensamiento y muchas veces se refleja en el rostro. Una cara sonriente no es otra cosa que la expresión de un corazón amable y feliz.

Todo lo que es de buen nombre

La repetición del "todo" una y otra vez indica que no hay lugar para más cosas que no sea lo bueno. La realidad es que somos personas de hábitos y costumbres y si nos habituamos a pensar de cierta forma y en conformidad con la Palabra, estamos acostumbrándonos a ser diferentes, a ser luces en medio de la oscuridad. No es sólo para los creyentes, cualquier persona puede lograrlo, porque la Biblia habla para todo el mundo. Si hay otros libros que recomiendan las mismas virtudes que la escritura hebrea, sean bienvenidos porque todo lo bueno proviene de Dios. Si hay edificación, construcción, beneficio, es de buen nombre. Incluso si las lecturas no son las mejores como recomienda san Pablo, sigue vigente eso de examinarlo todo reteniendo lo bueno (1 Tesalonicenses 5:21). Lecturas, conversaciones, tertulias, todo debe ser examinado a la luz del evangelio y retener lo que sea de provecho.

Si hay virtud alguna

Esto va de la mano con lo anterior porque recomienda pensar en aquello que puede beneficiarnos a nosotros o al prójimo. Cuando nos recomiendan que hagamos algo, que construyamos, que puede beneficiar nuestra salud espiritual o física ¿Por qué no hacerlo? No entiendo la razón o razones para no acoger lo que nos recomiendan "si hay virtud alguna". Si nos dicen que fumar puede ocasionar serio perjuicio a la salud debemos buscar la manera de dejarlo a fuerza de voluntad o con ayuda, pero "hacer algo" al respecto, quedarno uietos y conformes con lo que venga "porque de algo tenemos que morir" es una clara muestra de negligencia. Hacer ejercicios moderados, estar en contacto con la naturaleza, es algo que podemos hacer para nuestro bienestar físico y espiritual. No comer lo que nos perjudica, comer o no beber licor en exceso son recomendaciones dignas de ser escuchadas porque tienen virtud.

Si algo digno de alabanza

Pensar y meditar, examinar y analizar con juicios basados en realidades probadas no es algo que pertenece con exclusividad a los científicos o los grandes escritores. Podemos lograrlo porque "son digno de alabanza". Hay personas que no acogen los consejos porque vienen de personas desagradables, o porque son religiosos o porque son ateos. La verdad no es un patrimonio de alguien en particular y debe ser examinada con rigurosidad por todos si vemos que funcionan en el mundo en el que vivimos. La famosa sentencia de Jesús: "la verdad nos hace libres", hay que tomarla con mucho cuidado porque hay verdades que no se ajustan a la Palabra de Dios y pueden resultar perjudiciales para nuestra salud física o espiritual.

¿Qué hacer?

1. Ajustarse a la recomendación bíblica de adiestrar el pensamiento
2. Una vez adiestrado el pensamiento ponerlo en ejecución
3. Rechazar todo pensamiento negativo
4. Memorizar pasajes bíblicos que contengan las grandes promesas
5. Si fallamos en algo, pedir perdón y repararlo
6. Arrepentirse de verdad es un volver a empezar
7. Siempre estar en la disposición de hacer el bien

CUANDO LA VIDA TIENE UN PROPÓSITO

Hay vidas que podríamos considerar "incompletas", no porque no hayan brillado en el escenario mundial sino porque terminaron en fracasos o en el peor de los casos en suicidios. No hay que destacar en la ciencia, en los deportes o en el campo de las letras para considerarla "exitosa". Hay cientos de motivadores que han escrito libros sobre superación y positivismo pero cuando examinamos sus vidas, son personas elegantes, que se codean con grandes personajes y que han tenido la suerte de estudiar en las mejores universidades costeadas por sus padres ricos. Pero conozco otros casos de personas felices, plenas, que podrían morir sin remordimientos porque hicieron algo para conquistar lo que tienen. Toda vida es una de superación cuando se ha luchado con tenacidad por lo que se quiere a pesar de que la naturaleza no fue particularmente amigable con ellos. Pero igual no lo ha sido con muchos. No sé si conocer la infelicidad de la gente alivia la condición existente de uno. Me pregunto: ¿Hace menos infeliz pensar que hay individuos en peores condiciones que la de uno? ¿Puedo dar gracias a Dios "que no estoy peor" que el resto de la población? Cuando doy gracias porque tengo para comer ¿Estoy asumiendo que mi bendición, que no es la de otros, me hace un ser privilegiado? Considero estas preguntas difíciles de contestar. La gente no suele enredarse en disquisiciones escolásticas o filosóficas, aunque para mí tengan relevancia. Prefieren obviarlas. Dicho sea de paso, enredarse en cuestiones metafísicas de esta naturaleza no siempre nos ayuda. Termina uno como los amargados existencialistas. La teoría y la práctica no siempre van de la mano. Pero es necesario tener una teoría o un proyecto de vida con el que se pueda estructurar nuestro pensamiento y de ese modo cumplir con nuestra vocación a la que hemos sido llamados.

La buena noticia nos ofrece precisamente esto último: un proyecto de vida. Es posible que la nuestra como dije, no siempre fuera color de rosa. Es posible que de niño tuviéramos experiencias relativamente normales o quizás fueras de los que sufrieras los traumas de abusos por parte de familiares o de desconocidos. Pero no importa cuáles hayan sido nuestras experiencias podemos superarlas. Yo, como muchos otros sufrí de estos traumas aunque en otro contexto. Lejos está de mí ser un malagradecido. Mis padres hicieron lo que pudieron. Y honradamente creo que hicieron mucho.

El llamado Bulling

Como consejero ayudo a personas que tratan con violencia a otros al burlarse de sus defectos físicos, buscando con toda intención socavar su estima. Yo comprendo que la gente mira con temor y desprecio lo que consideran distinto, lo que no entienden, y de alguna manera se sienten amenazados. O simplemente es algo instintivo, como cuando se mira un insecto y nuestra repugnancia nos impulsa a eliminarlo.

Los adolescentes no suelen ser compasivos, por lo contrario, muchos de ellos son crueles y burlones. Y quizás las motivaciones detrás del bullyng están precisamente en el deseo de destacarse ante el grupo y de valorarse frente a los que ellos consideran más débiles. Lo doloroso es ver que los adultos también participan de este comportamiento. Muchos años antes, cuando era niño, me uní a la liga atlética policiaca. Fui testigo de uno de los más crueles episodios en la vida de un pobre muchacho, medio retardado, al que golpeaban en la cabeza sin ninguna compasión y frente a la anuencia del policía que dirigía el grupo. El mismo policía se reía de la reacción del chico. Yo nunca entendí por qué encontraban diversión con el abuso. Hay personas que se ríen del que tropieza, del que se equivoca, del que tartamudea. Esa sería mi interrogante por mucho tiempo. Dicho sea de paso el Moisés de la Biblia tenía dificultad para hablar de forma coherente y es por eso que pone muchas excusas para no asumir la responsabilidad de su llamado. La respuesta divina es la siguiente:

Dios es quien es dueño del habla y de los oídos. El asume la responsabilidad por quien ha sido escogido para cumplir con un propósito. Lo mismo ocurre con nosotros cuando somos llamados a realizar una tarea. Ponemos excusa tras excusa. Pero considere esto: si Él nos llama él mismo va a proveer los recursos necesarios para empezar y concluir la obra.

Otro caso interesante en la Biblia es el del gran apóstol san Pablo quien rogaba a Dios que le quitara "un aguijón" de su carne, una especie de metáfora para indicar que era "distinto", algo le mortificaba, hincaba y enardecía. La cruz (que él llamaba "aguijón") la llevaba con resignación. ¡El más grande de los apóstoles actuando como un distinto! En ambos casos el problema individual fue obviado y se resolvió de otras formas. Moisés siguió siendo tartamudo (Dios no lo cura) y Pablo con su cruz (tampoco fue curado pese a sus plegarias). Sin embargo esto no les impidió cumplir con sus metas una vez conocida la buena noticia.

La mayor parte de las veces los burladores logran su propósito y consiguen herir de manera profunda la psiquis del burlado. Son heridas que suelen durar toda la vida a menos que descubran y sientan el impacto del encuentro con Dios. Más tarde uno aprende que minusvalorar no es saludable y lo mejor es hacer algo para combatir esa sensación de amargura que nos invade. Lo que los demás digan no tiene que ser lo correcto. Es algo que aprendemos cuando tomamos conciencia de un problema y mejor todavía, cuando sabemos que Dios nos ama, a pesar de lo que somos o de lo que tenemos.

Insisto en que nunca he podido entender las personas que QUE miran con tanto menosprecio a lo que ellos consideran "distinto". Hay veces que tal conducta raya en la crueldad, y no se tiene en cuenta el sufrimiento que supone llevar una carga. Se mira "lo distinto" como si la persona fuera culpable de haber nacido con sus defectos. La ignorancia es atrevida. No siempre he sido un fiel creyente que acepta todo sin protesta. Es difícil asimilar lo que parece inevitable. Pensaba que Dios había sido injusto al condenar a las personas a ese destino. La mayoría suele creer lo mismo. Personas que tienen niños con síndrome Down, con labios hendidos, o pierden familiares amados en accidentes. La pregunta frecuente es: ¿Por qué a mí? Cuando se madura en la fe uno suele cambiar la pregunta a: ¿Por qué no a mí? No obstante prevalece la primera sobre la segunda a menos que ocurra el cambio. A nadie le gusta enfrentarse a un destino oscuro y menos aceptarlo. Por esta razón buscamos algún tipo de remedio a la situación, porque la hay. Esa es la buena noticia.

Hasta a los más inteligentes les sucede

Para mi sorpresa encontré que las frustraciones no son un patrimonio exclusivo de los pobres o inadaptados. Comencé a investigar sobre eso que solemos llamar el alma humana. La psicología es la "ciencia" que se encarga de estos asuntos. Sin embargo, ni siquiera los psicólogos se ponen de acuerdo sobre la mejor manera de abordar el tema. De ahí las diversas orientaciones como son el conductismo, la psicodinámica o el llamado psicoanálisis, la adleriana, y muchas otras. Y sin embargo me he limitado a escudriñar el comportamiento humano desde otros ángulos. Escogí concentrarme en el género literario novelístico, porque a mi juicio, allí se encuentra en esencia lo que es el interior del ser humano.

Pienso que ningún género literario nos revela mejor nuestra condición que la novela. La novela nos transporta a otros mundos donde es posible hallar alivio para olvidar el que nos rodea. En mi primer año de universidad la profesora de inglés nos contó de una alumna que se involucró tanto con las llamadas novelas rosas que se enajena de la realidad. Se volvió psicótica. Sin embargo, teniendo cuidado y con una mentalidad crítica, podemos aprender mucho de éstas. Existen obras realmente inspiradoras, como El Principito o Juan Salvador Gaviota (de ésta hablaré más adelante) las cuales, por momentos suelen avisarnos que nuestra lucha por la superación rinde sus frutos. Otras me revelaron que la infelicidad y la frustración se dan en los mejores cerebros. Existen muchos seres brillantes, inteligentes y "exitosos" llevando una cruz.

Una de las novelas que más llamó mi atención fue la de un autor medio oscuro (¿quiénes eran más oscuros los burladores o los burlados?) Kafka, cuya novela lleva por título Metamorfosis. Creo que es la obra más conocida de este autor y la que en cierta forma describe gráficamente la condición de los "distintos". Trata de un hombre que se acuesta a dormir y amanece como insecto. La sorpresa del personaje fue desconcertante. ¡Un día era un hombre y al otro un animal repugnante! No hay duda de que muchas personas asumen esta actitud de menosprecio por sí mismos. Tal vez el autor pensaba en los desafortunados del mundo por sistemas que los marginan a un grado irreconocible. Pero también se trata de las personas "raras" y distintas que no cumplen con las expectativas de lo que se considera "normal" en el mundo. Dice el adagio popular: una cucaracha en medio de un baile de gallinas. Es más fácil contarlo que vivirlo. ¡Metamorfosis es el cambio paulatino que sufre el burlado, el menospreciado o el inadaptado! El contexto fueron los inicios de la revolución industrial. Estoy seguro que muchos que vivieron este periodo de la historia se sintieron como insectos. Era un mundo donde la máquina comenzaba a sustituir al obrero y era marginado a un nivel inferior con su secuela de miseria y abandono. En medio de esa vorágine, ¿Quién se salva de sentirse así?

Cada novela de este autor era patéticamente reveladora. Llegué a pensar que el personaje del Proceso —otra de las novelas "dark" de Kafka— presenta el microuniverso de los marginados con una profundidad innegable. En el Proceso, el personaje principal es acusado por un crimen que no cometió. Nunca se supo en qué consistía su delito. Nadie se lo dijo. Del mismo modo la gente se pregunta por qué soy así, porque nací en este lugar, porque vivo pobre etc. Millones de personas se hacen estas mismas preguntas que al parecer no tienen respuestas. Cada obra de Kafka era para mí como un espejo en el que podía examinar la alienación y el carácter absurdo de la conducta humana. Así pasó con El castillo.

En esta novela singular el personaje nunca llega al castillo por más que lo intenta. ¡A veces nos cansamos de luchar y sin embargo sentimos que todo parece inútil! Kafka hurgaba en la oscuridad insondable del alma humana. Son novelas del absurdo. Pero lo absurdo no necesariamente se encuentra en las novelas. Hay veces que la realidad supera la ficción. Es realmente asombroso lo importante que es para el mundo lo superficial y perecedero. La riqueza material, la belleza física, la fuerza e incluso la inteligencia. Elogiamos la belleza interior" sin definir lo que eso significa, pero se gastan millones de dólares en glorificar la apariencia con múltiples concursos de belleza y espectáculos de cuerpos fabulosos de hombres y mujeres.

En el cine ni se diga. Lo importante es el héroe que acaba con sus enemigos. Es un "súper dotado" como Superman y cada vez surgen personajes con poderes y belleza fuera de lo común (Marvila, Acuaman, Linterna verde). El concepto de "normalidad" es ambiguo. La gente mira con curiosidad todo lo que es distinto (o que no se considera "normal") cuando no con enojo, (como si el distinto fuera culpable de su condición). ¡Cuántas personas viven sin encontrar un propósito en la vida sintiendo que sólo dan vueltas y más vueltas sin llegar a ninguna parte! Por cierto no pude evitar interesarme en un personaje "oscuro" de otro de mis escritores favoritos, el francés Albert Camus. En su novela El extranjero (1942) éste se siente como un extraño en un mundo absurdo e hipócrita pero lamentablemente real. El tema es el siguiente: Dicho personaje asesina a una persona sin ningún remordimiento, como en ralentí, casi de forma automática, pero acaba siendo acusado por no haber llorado en el entierro de su madre. ¡Era un absurdo llevado al colmo!. Lo que no es totalmente raro en nuestras vidas. ¡Quién no se siente extraño en un lugar donde pareces invisible o peor aún, donde no te sientes parte del mismo! En especial los cristianos genuinos que no siguen la corriente de lo que el mundo considera normal.

La misma biblia nos llama extranjeros y peregrinos (Hebreos 11:13). De los grandes autores europeos que llamó poderosamente mi atención fue el existencialista Jean Paul Sartre con su novela La náusea. El personaje principal, se siente rodeado por objetos babosos. Para este personaje el mundo es una bola de baba y la existencia es simplemente un laberinto de babosería. La palabra se repite para que experimentemos el desprecio que él mismo siente por lo que lo rodea.

No es sorprendente la actitud escéptica de estos escritores al experimentar guerras, enfermedades y las injusticias sociales de su entorno con su secuela de destrucción y odio. No los culpo.

Ninguno de ellos recibió el impacto de la buena noticia. Y pienso que aunque se hubieran percatado de la misma, no le habrían hecho caso. El personaje principal, es la encarnación del frustrado, del inadaptado, o como diría el filósofo contemporáneo Martin Heidegger, "el ser arrojado ahí". Por tal razón la vida para él es un asco. Igual supone de hecho para muchos desafortunados y "distintos". Aunque Roquentin no era un ser diferente al que hemos descrito, no por eso dejaba de ser una fauna "rara". Se es "distinto" de muchas formas y no es necesariamente una cuestión física. Dentro de este grupo hay inadaptados, depresivos, enajenados y otros. El mundo es recreado como un laberinto baboso de oscuridad y locura (de absurdos). Traído a nuestro entorno moderno ¡Cuántas personas no salen de sus casas por miedo a las burlas y al desprecio de los malvados que no comprenden el dolor de los que han nacido "anormales"! Para ellos el "problema" es insustancial y por eso se toma a chiste. Pero del chiste se pasa al desprecio y del desprecio a la agresión.

Así se genera la violencia de género. Un caso extremo que no pertenece a la ficción fue el de Joseph Merrik, ciudadano inglés, quien padecía del "síndrome de Proteus" también conocido como El hombre elefante. Condenado al rechazo, tuvo que refugiarse en ferias y circos para poder sobrevivir. Considerado un fenómeno sin paralelo no tuvo muchas alternativas para escoger, en un mundo que ama la apariencia. En mi país el gigante de Carolina no corrió con mejor suerte. El error frecuente de los burladores es pensar que los "distintos" son "fenómenos" y retrasados mentales que carecen de sentimientos porque los burladores asocian una cosa con la otra. Así ocurrió con Joseph cosa que después fue desmentida por las investigaciones. Si esto fuera cierto, ¿Qué derecho tenemos de destruir a quienes no cumplen con las "normas" establecidas? Inclusive hay gente que se sorprenden al escucharles hablar. ¡Cómo es posible que el fenómeno sepa articular con tanta coherencia! Hay que destacar con horror que la idea de suicidio es una constante en los marginados. Sienten que no hay a quien acudir, a quien llamar, porque son pocas las personas que comprenden su tormento.

A veces hasta los familiares más cercanos ignoran la profundidad de su infierno. La pobreza suele ser un agravante de la situación. La pobreza es la culminación de la enajenación total. Por eso anunciamos el evangelio como la chispa que no se apaga: es el impulso de seguir adelante, el deseo de superación envuelto en una cobertura de esperanza de que las cosas pueden mejorar. El sentimiento de fatalidad disminuye con la buena noticia. Todos merecemos escuchar la nueva de que Dios nos ama, de que a pesar de los pesares podemos llegar a él. Incluyendo la "raza" de los malos.

No tenemos que refugiarnos en alcohol, ni en drogas, ni menos en la delincuencia. Eso empeora las cosas. La Buena Noticia del evangelio es naturalmente la respuesta. Por otro lado, la frialdad con que algunos acogen la experiencia cristiana para seguir viviendo como antes es un signo de que ni han recibido el evangelio ni han entendido la buena noticia. Pienso que quien tal hace nunca ha experimentado el poder grandioso de la gracia ni comprendido su contenido. Las miradas crueles de repugnancia, o de rechazo hacia otros, el impulso de agresividad provienen de corazones que apenas han comprendido el significado del evangelio. Todo ser humano anhela amar y ser amado. Y la principal señal de una verdadera conversión es el amor manifestado en obras.

¿Qué hacer?

1. Intentar comprender a los menos afortunados
2. Acoger la idea de que puedo ayudarme para ayudar a otros
3. La principal obra de caridad es no hacer daño

LA FRUSTRACIÓN
PARECE LA NORMA

En la poesía palpamos la profundidad del espíritu humano, su tristeza o su alegría, sus frustraciones o sus éxitos.

Me llega a la mente el magnífico poema de Calderón de la Barca, La vida es sueño aunque con un contexto distinto al que analizamos:

El príncipe Segismundo se pregunta:

¿No nacieron los demás, pues si los demás nacieron, qué privilegios tuvieron que yo no gocé jamás?

Segismundo con toda lógica razona que él, otro ser humano, debiera tener los privilegios de gozar la libertad, cuidado maternal, protección paternal, y la capacidad inalienable para tomar sus propias decisiones. Esto es según el patrón de vida lo que se considera haber nacido "normal" ¿Qué habían hecho diferente los demás para tener privilegios que él no gozaba? El poema aborda el tema del albedrío con mucha profundidad y con una belleza literaria extraordinaria. La mayoría de las veces nos concentramos en el cuidadoso engranaje de la elaboración del poema y pocos son los que entienden el mensaje que proclama. Colocamos la vista en la expresión artística y perfecta de la rima (otra vez la apariencia). No voy a entrar en detalles sobre el poema. Lo traigo como un ejemplo de cómo las almas geniales captan las grandes contradicciones de la vida, su complejidad, sus injusticias y a veces su falta total de lógica.

La vida es un sueño (según el poeta) pero no todos son agradables, a veces tienen visos de pesadilla y quisiéramos despertar, pero no lo conseguimos. Siguen ahí, como una noche oscura donde no existe el amanecer. La soledad se convierte en una compañera. Es el sentimiento general que se experimenta. Puesto que la desilusión y la desesperanza agobian tanto, Dios se siente tan lejano como las estrellas. Ni en el poema ni en la vida real las situaciones son fáciles de asimilar. La "conversión" religiosa para muchos no cambia el "status" de las cosas. Por eso existe tanto escepticismo en cuanto remedio para los males que nos agobian. Esto sucede porque se anuncia la religión como otro sueño, como una quimera que es, sino imposible, difícil de alcanzar. Dios es presentado como el que ofrece una vida mejor en el cielo. Aquí sólo nos espera el sufrimiento, la cruz, la derrota.

Una visión que coincide con la de otro gran escritor, James Hilton en la novela Horizontes perdidos (1933). Es la utopía de Shangri-la un monasterio tibetano donde prevalece la búsqueda del mundo perfecto. Pero como el paraíso bíblico, una vez encontrado, se pierde y no se recobra. Es la constante en este tipo de novela. Con Alejo Carpentier pasa lo mismo-otro escritor genial, cubano- quién escribía Los pasos perdidos inmerso en lo llamado real maravilloso. Lo "maravilloso" es concebido otra vez como irreal y ficticio circunscrito a otra dimensión pero no la nuestra. "Lo perdido" apela al paraíso bíblico visto como una alegoría de algo que pudo haber existido pero ya no. Lo que demuestra que la felicidad se percibe como una utopía, como un sueño, como un ideal inalcanzable en este mundo. Acaso en otra dimensión, más allá de la nuestra, pero no aquí. Sin embargo la utopía misma demuestra que hay la percepción, muy en el fondo, sea uno creyente o no, de que existe otra realidad mucho mejor que la nuestra. En este contexto no se percibe mucha diferencia entre la gente religiosa y la que no lo es. La percepción de Dios como un ser fuera del mundo, que no interviene en nuestros asuntos sigue siendo la óptica de muchos que dicen haber aceptado a Cristo. Yo también comencé a preguntarme si de verdad "la nueva creación" o "las nuevas criaturas" engendradas por el bautismo que sigue a la fe coincide con la realidad. Me preguntaba si de verdad aconteció una intervención divina o se trataba de un ritual como el que practica la mayoría de las creencias religiosas. Y a pesar de eso, mis convicciones no se alteraban porque asumía, quizás como Carpentier o como Hilton, que su existencia era posible "al otro lado".

La buena noticia es real

Cuando uno deja que la buena noticia se apodere del alma las cosas cambian. Se pueden superar las dificultades con la fe de que Dios nos asiste. No es algo que comprendiera en el primer momento. Lo vital, lo necesario es mantenerse de pie y con la convicción de que hay siempre lugar para la esperanza de mejoría. Pero esta mejora no viene aparte de Dios. No pocas veces tomamos malas decisiones que acarrean serias consecuencias para nuestra vida. Tomar buenas y sabias decisiones requiere de madurez y esfuerzo, de voluntad que a veces no tenemos. Por eso la asistencia de Dios es vital. Algunos piensan que la voluntad de cambio proviene del conocimiento y los estudios. Eso pensaba yo también.

Estudiar y superarme es la clave para seguir adelante, me decía con la aprobación de mi familia. Estudiar, adquirir un título, lograr una posición económica es la llave para el éxito. Lo escuchaba todo el tiempo por los medios de comunicación y de la boca de mucha gente. Es verdad que los estudios universitarios nos despiertan a unas verdades que antes no conocíamos. De hecho "despertar" es hasta más doloroso que permanecer en la ignorancia. La Biblia afirma que "la verdad nos hace libres", refiriéndose al descubrimiento de la buena noticia no a toda verdad filosófica o científica, pero la libertad "secular" a veces suele ser dura, mucho más dura que la mentira. El despertar bíblico es el anuncio del evangelio como la gran noticia que no se basa en una utopía, puesto que la podemos disfrutar aquí y ahora.

111

CONSEJERÍA ESPIRITUAL

Como dije la "verdad secular" muchas veces nos despierta del marasmo intelectual en el que nos sumerge lo cotidiano. ¿Pero despertarnos a qué? Los mejores cerebros, pensaban que la felicidad no pertenece a este mundo. Hay la convicción sincera de que merecemos ser felices, sí, pero no aquí. Es algo que aparece como tema central en las mejores obras de la literatura universal. Conocer la verdad evangélica- es comenzar a apreciar las cosas desde otra óptica. La verdad "secular" nos puede despertar a una realidad que nos llena de rebeldía, incluso de odio contra el statu quo. Se va la ingenuidad, el provincialismo, la ignorancia. Algo así como perder la virginidad del espíritu.

El mundo comienza a percibirse como lleno de mentiras y de hipocresía. Lo falso parece inundarlo todo y las novelas del absurdo son hasta más lógicas que el mundo real. Salir del escepticismo, y lograrlo, (podemos hacerlo) hay que esforzarse y llegar al "espectacular" descubrimiento de que se debe cambiar de mentalidad o son muchas las probabilidades de desquiciarse.

¿Cómo lograrlo? ¿Qué debo hacer para conseguir lo que quiero?

No es fácil alcanzar el "éxito" (más adelante abundaremos sobre el concepto mismo de "éxito") cuando los más próximos a ti, que se supone te ayuden, es decir tus padres, tus maestros y tu familia no lo hacen, ya sea por indiferencia, por ignorancia o por falta de conciencia. Pero se puede. A pesar de que es más pesada la cruz ante la no comprensión, se puede. A pesar del destino generacional que alguien o algo nos impuso, se puede, a pesar "del infierno que son los otros" como alega Sartre, tú y yo podemos lograrlo. Aquí y ahora. Porque merecemos ser feliz. Contamos con la fuerza del Espíritu Santo, con su inspiración y su voz apacible exhortándonos como a Josué, el de la Biblia, a seguir adelante.

La educación, como hemos dicho, suele ser la panacea del triunfo en el mundo "de afuera". Así que muchos jóvenes se aferran a los estudios como a una tabla de salvación. Conocí a un joven universitario con la cabeza hundida, sin cuello, que buscaba la superación convirtiéndose en maestro. Nunca dejé de admirar su iniciativa y empeño porque a pesar de sus limitaciones físicas continuaba adelante. Nadie de mi generación comprendía más a este joven que yo, por razones obvias. Recuerdo que uno de mis profesores, el de sociales, dijo en una de sus exposiciones de cátedra que para ser poeta había que poseer belleza física. Ninguno del grupo estuvo de acuerdo con su opinión (aunque estoy seguro que no aceptarían como compañero o amigo a un ser deforme). Yo miré con preocupación al joven de la cabeza hundida y noté en sus ojos un brillo especial: eran lágrimas.

La opinión del maestro era absurda desde el punto de vista lógico, aunque no dejaba de augurar cierta verdad. Entonces, en aquel momento me pregunté: ¿Podría Eduardo (nombre ficticio para el muchacho de la cabeza hundida) tener la capacidad de crear belleza? ¿No sería una ironía, una burla de la naturaleza haberle dado la capacidad para la poesía y sin embargo no haberle prodigado con los atributos de la "normalidad"? Muchas personas piensan que ser "distinto" no es una cosa tan grave como para no superarlo con inteligencia y voluntad y no obstante ni siquiera tienen idea de lo que es el sello, el estigma, la incomprensión y el dolor que se experimenta. Es básicamente un submundo ideológico que colorea su destino de muchas formas.

Quizás me equivoque en lo que voy a escribir, pero a veces pienso que Eduardo pudo haber hecho mucho más si hubiera tenido los atributos de un ser "normal". Realmente el joven tenía talento. Ahora mismo no sé cuál haya sido su destino. Los que no consideran estas cosas nunca han experimentado el rechazo, la burla y el desprecio. El "bullying" siempre ha existido de un modo o de otro, sólo que ahora parece haber más conciencia del mismo. Pero la derrota o el pesimismo no es la respuesta. Hay que luchar como hizo Eduardo. Pudo graduarse primero de bachiller y luego como maestro en artes. Pudo con sus demonios y en cierta forma logró la superación. Pero no hizo caso de la buena noticia.

La literatura sigue revelando frustraciones

La obra citada de Jean Paul Sartre *La Náusea* me preocupaba por su acre sabor a pesimismo y su onda expresión de amargura que destilan sus páginas. Y sé que muchas personas deambulan por el mundo con esta misma forma de pensar. La gente que bebe de estas fuentes adquiere el mismo pesimismo y la sensación de derrota. Me encontré con muchos Roquentin, en mi oficina de consejería. Seres desgraciados, amargados y sin motivaciones para vivir felizmente. Lo curioso es saber que los estudios universitarios no les libraron del pesimismo y la depresión. Por más que intentaba penetrar las paredes de su pensamiento, muchos de ellos no reaccionaron a la consejería. No es descubrir América, pero a veces no aprendemos las cosas hasta que nos toca a nosotros. Nada cambia hasta que nos proponemos hacer algo. Buscar ayuda ya es "hacer algo". Y cuando nos convencemos de que no somos nosotros los que andamos cojos si no los otros, con sus prejuicios y convencionalismos sociales llega el alivio de las tensiones y la liberación de la ansiedad. Para entonces en mi mente rondaba la famosa expresión de Sartre que continuaba taladrando mi pensamiento: "el infierno son los otros".

A veces tuve relativos "éxitos" y logré que algunos de ellos "despertaran" y de ese modo tomaran conciencia de su valía. Comprendieron que la verdad (secular) no siempre es algo que produzca placer. La verdad a veces puede ser espantosa y no siempre libera. Como hemos observado los escritores existencialistas decían verdades que sin embargo, en vez de liberarlos, los condenaban al pesimismo.

El mismo pesar que sienten muchas personas en el mundo que no conocen la buena noticia. En efecto, "verdades" que son deprimentes, que están ahí pero no necesariamente liberan (conocer las desigualdades sociales, el hambre en el mundo frente a la opulencia de unos pocos, la destrucción sistemática del ambiente ante la ambición grotesca de los ricos). Intenté que las personas adoptaran algún tipo de filosofía de vida, estructurada en el pensamiento de no buscarse más problemas que amarguen su existencia. No todos aceptan el evangelio. Habrá quien interprete esta actitud como huida y tal vez haya algo de eso. La huida no siempre es cobardía. En un mundo que nos acosa constantemente las neurosis psicóticas suele manifestarse y la resistencia suele ser la respuesta natural. No obstante lo importante es no rendirse, no claudicar. Hay que insistir que a veces el mal no está en uno sino en una sociedad estructurada sobre el prejuicio y las ideologías que no siempre son las más sanas. La extrañeza que experimentamos en nuestra sociedad, como la describen los existencialistas, es un hecho verídico.

El ser humano es humano dondequiera

Encuentro la película *La playa* cuyo protagonista es Leonardo di Caprio muy interesante. El argumento es el siguiente: Un grupo de jóvenes se traslada a un apartado lugar para empezar una nueva vida. Querían alejarse de un mundo ficticio que según ellos, ama la apariencia, y busca satisfacer los instintos sin importar cómo. Encontraron un lugar paradisíaco donde se establecieron y al principio todo marchaba bien, hasta que iniciaron los problemas. Uno de los jóvenes fue herido por una especie de barracuda y los demás no sabían qué hacer. Aparecieron los sentimientos de desesperación, de egoísmo, de maldad. Lo que confirma una vez más que el monstruo se encuentra dentro de nosotros y no es externo. Es lo que pienso que denuncia la película. ¡El monstruo está en nosotros! Pocos entienden el evangelio de lo que Cristo hizo a nuestro favor a pesar de nuestra maldad.

La felicidad es una opción

La felicidad personal, no se encuentra en un lugar específico. Podemos irnos al fin del mundo, a un monasterio, o a un paraíso. Pero los demonios suelen estar en la mente. Yo elijo si les obedezco o no. Es mi albedrío. Tengo que insistir en este punto porque vivimos engañados con ideologías impuestas por los prejuicios y las costumbres que no siempre son las mejores. Jurgen Moltman, teólogo alemán, despertará mi conciencia sobre este punto, en particular, porque nunca lo había visto como él lo plantea. Uno es "alguien" aunque no haya estudiado en una universidad, no tenga dinero ni posición. Nada más por el hecho de que se es "humano". En eso consiste nuestra dignidad. Pero no es así como nuestros padres y ancestros lo han visto por generaciones. Hablan del deber de estudiar para llegar a ser "alguien". De luchar por obtener dinero y fama. Entonces el antídoto para tanto veneno "convencional" parece estar en educarnos sobre el modo en que pensamos de nosotros mismos. Los psicólogos hablan de autoestima o respeto propio. Según ellos el éxito consiste en lograr el auto respeto por una sola razón, mi valía no está en ningún rasgo físico o en lo que otros piensen de mí. Es cómo yo me veo. Pero lo importante, además de mi opinión positiva sobre mi persona es precisamente cómo Dios me ve. Lamentarse, quejarse o llorar sobre nuestra mala fortuna, repito no aporta ningún beneficio a la superación.

En realidad yo logro vislumbrar dos alternativas para el problema: o encerrarnos en nosotros mismos en una neurosis de angustia como es tan frecuente en las personas que padecen la misma o bien enfrentarnos al mundo con actos de superación. Es obvio, que deberíamos escoger la segunda. Todos podemos lograrlo. Nadie supone que sea fácil, pero se puede. La evidencia de lo primero fue un caso singular de un compañero de trabajo cuya deformidad en el rostro era evidente. El hombre enfrentaba la violencia de las burlas a diario pero cometió el error de refugiarse en el alcohol. Lamentablemente no buscó ayuda profesional y hoy se encuentra en el cementerio. Otros se inclinaron por el suicidio al no poder encontrar su lugar en el mundo. No hay que juzgarlos como cobardes. Nadie tiene ese derecho y menos aquellos que contribuyeron a que tales personas tomaran una decisión tan drástica. Estoy consciente de que hay "algunos" insanos como el Caín de la Biblia que prefieren ignorar e incluso eliminar lo que ellos piensan es "distinto". Estos psicópatas no se dan cuenta de que han perdido su humanidad. La compasión no es algo que uno espera de todo el mundo, pero lo realmente doloroso, es saber que entre los "educados" nada es diferente. Nuestra única defensa sigue estando en nosotros mismos. Descubrir que valemos como persona y sobre todo, lo que realmente valemos ante los ojos de Dios. El apóstol Pedro llama a los convertidos a Jesús, "reyes y sacerdotes". En tan elevada posición nos ha colocado Dios con su gestión evangélica (parte del descubrimiento de la buena noticia).

La relatividad de lo distinto

En algunas sociedades africanas colocarse una prenda entre los labios aumenta su "atractivo". Lo que refuerza la teoría de que el concepto mismo que tratamos es relativo. A pesar de esto, la reacciones de rechazo se manifiestan como impulsos originados por ideologías promocionadas y alimentadas por la propaganda en occidente, En la novela popular Betty la fea, el prejuicio, el rechazo y la persecución contra la protagonista son claros en el escenario, lo irónico es que para lograr el éxito como empresaria Betty tiene que "transformarse", y convertirse en una belleza al estilo de Hollywood. No hay nada malo en mejorar físicamente si uno tiene los recursos, pero hay personas que gastan fortunas en cirugías estéticas y otras han arriesgado sus vidas buscando adaptarse al ideal de belleza física de una sociedad obsesionada por la apariencia. Y no es para menos. Los mejores trabajos, los altos sueldos, el llamado "triunfo" requieren de un alto grado de "belleza occidental "que no todo el mundo posee, pero que es altamente exigido. El precio a veces es la vida misma. En vez de considerar cualidades como inteligencia, preparación académica y actitudes para un trabajo específico, lo primero que se exige es apariencia física de occidente. No creo que esto vaya a cambiar. Somos nosotros, los que podemos hacerlo. En vez de sentirnos derrotados y hundirnos en la desesperación, debemos comenzar a mirar al mundo de otra forma, con la expectativa de que se puede lograr el camino a la felicidad valorando lo que somos y lo que podemos llegar a ser. Eso es lo que propone el evangelio de la buena noticia. Insisto en que no estoy de acuerdo con la manida frase: Quiero llegar a ser alguien.

Presupone que sin el éxito material somos nada. Antes de que nos convirtamos en profesionales, en gente "exitosa" según el criterio social, somos ante todo personas de gran valor ante los ojos de Dios y debemos procurar vernos a nosotros mismos de esta forma. Seguimos siendo "alguien" con estudios o sin ellos. Esa es la realidad. Con belleza o sin ella, con inteligencia o sin ella. Seguimos siendo "alguien". Es la maldad lo que ha oscurecido la manera en que nos miramos y la forma en que los otros nos miran. En la Biblia hay muchos ejemplos. Fue la apariencia de un fruto lo que llamó la atención de Eva, y fue el caldo que preparó Jacob para conseguir la primogenitura de su hermano Esaú, lo que lo atrajo, cayendo en las redes de la trampa de la fascinación. El suceso típico de la Biblia lo encontramos en la belleza de Dalila quien confundió a Sansón arrebatándole su fuerza. Y sigue siendo la apariencia de este mundo la que sigue sujetando a las personas, separándolas de Dios y de los "marginados". La verdad es que son pocos los que se percatan de lo que hay detrás de las palabras sublimes del Maestro: no juzgues por las apariencias sino juzgad con justo juicio (Juan 7:24). Nadie niega que la apariencia tiene su lugar, pero debemos tener cuidado de no darle más importancia de la que realmente posee. La Biblia hace un comentario muy interesante acerca del tema en cuestión y es cuando habla del adversario de Dios.

Un ángel de luz

Nos referimos a Satanás, quien se viste de ángel de luz (2 Corintios 11:14). Según la Escritura, se presenta como un ángel hermoso precisamente para engañar con su aspecto físico y no son pocos los que son seducidos. Los comentarios de la gente hacia los desafortunados tales como los niños con labios hendidos, los que tienen síndrome Down, los enanos o los gordos son marginados, heridos por los malvados e ignorantes que no entienden el padecimiento de estos grupos. Nadie se salva del prejuicio y tanto para el que juzga como para el que es juzgado la felicidad huye como un pájaro en desbandada. Las miradas de asco y repugnancia, los gestos impropios (body language) hacen mucho daño a la estima y deberíamos evitarlos. Pero peor es la situación cuando a base de la repetición forzada llegamos a asimilarlos como "normales". Este es justo el punto: No asimilarlos de esta forma. Si nos imaginamos a Cristo como lo presentan los evangelios ni parece un rey, ni menos el Hijo de Dios, sólo un maestro de un pequeño poblado llamado Nazaret.

Así lo percibieron muchos, entre ellos los grupos opuestos a su doctrina como los fariseos (quienes juzgaban por la apariencia) y por esta razón y por muchas otras, no le creyeron. A pesar de ser el más importante ser que ha pisado el planeta. Imagino la cantidad de seres humanos en el mundo con apariencia "distinta" echados a perder porque alguien sin ningún tacto o pizca de inteligencia los calificó de inútiles o inservibles por su apariencia. La necedad parece ser un patrimonio del mundo y los sentidos contribuyen a ello. Los sentidos debieran ser educados por la razón y no al revés. Sin estos no habría contacto con la realidad externa. Pero esa realidad debe ser interpretada y examinada por el razonamiento.

En los estudios de filosofía en la universidad se discute con el gran filósofo y matemático René Descartes lo engañoso que pueden ser los sentidos. El cogito ergo sum se basa en esta filosofía. Miramos las estrellas como puntos diminutos anclados al cielo y sin embargo sabemos que son inmensas, mucho más inmensas que la tierra donde vivimos. Del mismo modo percibimos nuestra luna y nuestro sol. Así aprendimos a dudar de todo porque no podemos confiar en los sentidos. Y sin embargo la inmensa mayoría de las personas sigue juzgando a base de lo que ven y sienten.

¿Qué hacer?

1. Tener mucho cuidado de no asimilar las burlas de los demás
2. Probar con nuestros actos lo que podemos llegar a ser
3. Rechazar cualquier intento de los malvados por no valorarnos
4. Tener presente el valor que tenemos ante Dios

LA TERAPIA DEL DESPERTAR

Muchas ideologías insanas se convierten en armas potentes, cotidianas, que sirven para destruir y no para edificar. La ideología hitleriana de una raza superior tiene su origen en la apariencia. La ideología racista proviene del mismo infierno y deberíamos combatirla donde quiera que se encuentre. No existen razas superiores y concurrò con Víctor Frankl de que sólo existen dos razas: la de los buenos y los malvados. El reino de Dios es una lucha en contra de estos sistemas vergonzosos que desdicen de nuestra naturaleza "hecha a la imagen de Dios". En ninguna parte de la Biblia se dice que los blancos son la imagen original del Dios cristiano, ni los negros, ni los llamados "amarillos". Todo eso proviene del engaño perverso de los sentidos. Y nosotros afirmamos con entereza que ésta forma de pensar puede cambiar. Se puede.

En vez de lloriqueos, firmeza. Levantando el rostro de cara al sol, con la firme convicción de que somos importantes, de que somos ganadores y no perdedores, de que afirmamos nuestra vida sobre la esperanza cifrada en una redención: la de Jesucristo. Lo importante no es lo que los demás piensen sobre nosotros sino lo que yo piense de mí y mejor aún, lo que Dios piense de nosotros. Cuando Jesús afirma que la ansiedad y la desesperación no nos harán crecer un codo, pone el dedo sobre la llaga. Preocuparnos en vez de ocuparnos es como ser perseguidos por los fantasmas. Después de todo, los mismos que nos acosan con su maldad, son a su vez seres tristes que no se han realizado como personas y carecen de las herramientas apropiadas para lograrlo. Hay que ser agresivos, en el mejor sentido del término. La agresividad que viene de la pasión por lograr nuestros sueños. La agresividad para no someternos a las cadenas del prejuicio, de las burlas y del desprecio. El ardor que proviene de la vocación. La palabra vocación proviene del latín vocare que significa llamado. Tenemos un llamado para alcanzar un propósito. Estamos aquí por algo y ese algo hay que descubrirlo. Debemos ir en busca de la aventura de la vida que no siempre es fácil. Jesús había dicho que existen dos caminos: el estrecho y el ancho. El ancho es no hacer nada, conformarse con lo cotidiano, con la tradición, y la costumbre de lo que todo el mundo hace porque no sabe qué otra cosa hacer.

El estrecho significa que hay que esforzarse, pujar, sacar escombros y maleza para despejar el sendero. Cargar con la cruz si se quiere, hasta llegar a la cima. El calvario no siempre es sinónimo de dolor, puede significar triunfo. Es según el color con que se vea. Jesus convirtió la muerte en un triunfo. Donde muchos vieron una derrota (otra vez los sentidos) los escritores sagrados vieron la más grande de las victorias. Por eso decimos que se puede, muchos lo hemos logrado a pesar de nuestras limitaciones y obstáculos que otros nos ponen en el camino. He conocido muchachos quienes prácticamente nacieron en cuna de oro, físicamente "normales", con todas las oportunidades y con educación cristiana, que sin embargo no hicieron mucho con sus vidas.

Muchachos acostumbrados a la abundancia se convirtieron en parásitos de sus padres y emocionalmente nunca crecieron. Atados al ombligo de un padre que proveía todo, escogieron el camino ancho de lo "fácil "que en este caso particular se convirtió en el 'difícil". Por supuesto que otros, con las mismas oportunidades realizaron grandes cosas aprovechando su destino. Quiero dejar claro que no considero "triunfo" necesariamente el ganar dinero en abundancia (es algo en lo que he insistido). Tampoco menosprecio el logro de quienes con esfuerzo se convirtieron en grandes empresarios generando ganancias. El triunfo significa haberle encontrado sentido a una vida productiva, llena de paz y tranquilidad junto a la familia. No hay mayor satisfacción que ver crecer saludables a nuestros hijos, temerosos de Dios y útiles a la sociedad.

Abundancia de paz, abundancia de amor y ternura, abundancia de cariño y productividad. Ya Jesús una vez más, lo había proclamado:

He venido para que tengan vida y vida en abundancia (Juan 10:10)

Sin Dios no hay posibilidad de estar completos aunque hayamos logrado alcanzar nuestras metas. Junto a él podemos comenzar a dar frutos de justicia. Podemos vivir vidas productivas y morir con la tranquilidad de quien ha cumplido con su deber. En unos de sus muchos escritos Leonardo Da Vinci concuerda con lo mismo: Una vida productiva procura un descanso feliz. Parafraseando su pensamiento quiso decir: puedo morir tranquilo porque hice lo que tenía que hacer. Hay que recordar que los sentimientos cambian cuando cambia nuestra manera de pensar. Por eso es tan importante educarnos en lo correcto, en lo sano, en lo optimista. Esto es algo que podemos lograr, que no requiere de mucho estudio o de esfuerzo. Se puede. En el peor de los casos se puede. Una vez visité a un enfermo, una persona mayor, que moría de cáncer. El enfermo estaba consciente de la inminencia de su muerte lo que de hecho ocurrió unos días más tarde. Lo sorprendente era su actitud frente a esta eventualidad. Aceptaba su destino con optimismo, sonriendo y aceptando la voluntad de Dios. Para mí fue una lección que nunca olvidaré. Se puede vivir con dignidad y se puede morir de la misma forma. La dignidad es nuestra valía ante nosotros mismos y ante Dios.

Conocí a un joven muy persistente aunque admite que hubo metas que no pudo lograr (Estuvo haciendo un doctorado en ciencias de la conducta). Se esforzaba por alcanzar el título de doctor y hacerse profesor universitario. Entró al programa de psicología. Me cuenta que lo miraron como si fuera un fenómeno con aspiraciones burguesas. Él se sentía atolondrado con los allí reunidos y eso bastó para desistir de sus aspiraciones. No siempre se gana- me dijo apesadumbrado-. Tenía serios defectos físicos en su rostro y por eso se sentía victimizado. El joven deseaba enamorarse, y ser amado como cualquiera de su edad. La aspiración era legítima pero prácticamente ninguna mujer se le acercaba. Para muchas personas-Insisto- ser distinto es un motivo de chistes, de burlas, es decir no se toma en serio el sufrimiento del que los padece. En cierta ocasión- siguió su relato- consultó a un médico, especialista, (porque yo no me rindo balbuceó) y le explicó su preocupación. Prácticamente el doctor se burló de él dejándole sin habla. No se comportó como un profesional y esto dolió porque él tenía en alta estima a los médicos. Salió defraudado y sin ganas de seguir insistiendo.

No volvió a consultar a ninguno. La cosa fue que al casarse todos sus sueños se pospusieron, por lo menos en esos momentos. Cuando por fin pudo casarse su mujer quedó embarazada. Al menos logré casarme-se consolaba- Para ese entonces se había convertido en profesor y la verdad sea dicha con propiedad: es la peor profesión que puede tomar alguien con defectos físicos. No sólo él sufría el impacto de las constantes burlas de estudiantes sino también algunos de sus compañeros. La experiencia como preceptor fue traumática y sin embargo su actitud positiva y firme no le permitían renunciar a un trabajo que le gustaba hacer. (Ahora pienso que no me equivoqué de profesión, sino de escenario —me dijo). No lo vencerán los malvados que lo herían con sus insultos y atropellos. Esa fue su consigna y todavía lo es, porque nunca dejó de ser firme y testarudo. Adoptó el pensar que se puede y este pensamiento lo estimulaba a seguir adelante.

La perseverancia es la clave

Muchas veces cuestioné sobre el destino de esta gente y hubo veces que vacilaba en la fe. No entendía, y en honor a la verdad todavía no entiendo por qué le ocurren cosas a personas que se deciden por lo correcto. Es como enviarles a un submundo donde los privilegios de otros son una carga para ellos. Un submundo al estilo de Kafka, de Camus, de Sartre, es decir, del existencialismo que no admite un orden en el mundo. Todo parece absurdo e incomprensible. Es como si la belleza estuviera mal repartida, pero no únicamente la belleza, también la justicia, las riquezas, los privilegios, aún en la muerte se perciben las desigualdades. Incluso las desigualdades siguen presentes en los predios religiosos. Los seres sombríos, oscuros, malhumorados y pesimistas recreados en las novelas existencialistas, son hasta más palpables en las consultas. Y sin embargo, para Víctor Frankl, a quien hemos citado muchas veces, todavía las vidas de la gente en los campos de concentración parecidos a zombies tenían sentido. Los que murieron fueron aquellos que se rindieron y perdieron la esperanza. Tengo que repetirlo muchas veces: no se puede perder la esperanza. Hay que aferrarse a ella como a una tabla de salvación.

Mejor, la esperanza que nos ofrece Cristo en su Palabra. El evangelio como hemos reiterado tantas veces son buenas noticias de salvación. Nos devuelve la esperanza, la guía y el camino. Para mí Job sigue siendo el enigma. Me pregunto: ¿Cómo es que alguien con temor de Dios, que vive una vida correcta, que es paradigma y ejemplo para su familia fue sometido a una prueba tan difícil? Hay muchas explicaciones al respecto pero ninguna me ha convencido plenamente. Algunos dicen que fue un ejemplo de fe, que si la prueba perfeccionó su fe, que si confiaba en su propia justicia, que si le demostró al diablo que había alguien perfecto. Yo lo sigo considerando un enigma. Lo he visto vivo en muchas personas. Job contó con un final feliz para su terrible odisea. Dios le devolvió con creces lo que satanás le había quitado.

Pero muchos ahora mismo continúan llevando una cruz que no buscaron y que sin embargo les sigue mortificando con los mismos clavos y las mismas coronas de espina. En el Génesis se habla de las tribulaciones de José, quien fue traicionado por sus propios hermanos, vendido a unos mercaderes como esclavo, difamado por una mujer y encarcelado. Resulta que todo era plan de Dios. Todavía sigo pensando si los padecimientos de la gente que sufre en esta vida, al final, tendrá un sentido. Mientras se desvela el misterio hay que continuar adelante levantando la bandera de la victoria sobre las tribulaciones.

Reestructurar el pensamiento, practicar ejercicios y tratar de alimentarse de la mejor forma posible tiene una sola meta: no buscar más problemas de los que la vida presenta. Mantenerse a flote en medio del mar turbulento. La gente sigue juzgando por la apariencia por más que enseñamos que no debe hacerse. Hay muchos lacerados, heridos, maltratados con un pesimismo terrible. Hay personas que la naturaleza ha sido cruel con sus cuerpos. Muchos viven resignados y otros se convierten en resentidos. En la República Dominicana visitamos a una familia cuya comida era cohitre. ¡Se alimentaban de yerba! Vi dos niñas cuyas piernas estaban encorvadas por un crecimiento deficiente. La casita apenas contaba con un techo. Caminaban con dificultad y en sus ojos se notaba la profunda tristeza de la resignación y el olvido. La pobre alimentación y de cuidado médico era evidente.

En nuestra visita conocimos a un "pastor", un anciano ciego que apenas podía sostenerse de pie, cuyo hogar consiste de planchas de zinc y techo de paja. En medio de la casita había una especie de podio donde de rodillas hacía sus oraciones. Son los olvidados de la tierra quienes sin embargo siguen creyendo. El pastor y misionero Jorge Cruz decidió enviarles dinero mensual tanto a la familia de las niñas como al señalado pastor. Los viajes del pastor Cruz conocido como "Ongui" son frecuentes en este lugar y siempre se encarga de llevarles comida y ropa. ¡Una labor extraordinaria! Hoy en día gozan de un templo construido en cemento por iniciativa de este bondadoso hombre de Dios. El templo no es tanto para adorar sino que sirve de refugio en tiempos de huracanes y tormentas. Últimamente Jorge se ha dedicado a la labor de llevar suministros a la gente de Haití. Como he dicho la pobreza extrema es el colmo de la alienación. Pero no hay que ir tan lejos para conocer el sufrimiento de muchos seres despreciados no solamente por su pobreza sino por su aspecto físico. Es un tema tabú del que cuando se aborda, no se toma en serio. Como si el dolor del desprecio y la burla lo fueran. Los que uno piensa que son maduros, como los artistas, escritores y profesores también juzgan de esta forma. Es mi experiencia frecuente en la oficina. Esto ocurre en los medios universitarios donde se supone que haya un nivel más alto de madurez intelectual.

Sabemos que la neurosis de angustia se caracteriza por la huida. Los defectuosos prefieren el entorno de su hogar porque nadie les juzga. Son pocas las personas con síndrome Down, labios hendidos, bizcos o cojos que salen afuera, al mundo externo, para no exponerse al escándalo que provoca su presencia. Se sienten como leprosos o infectados. El mismo síndrome de la metamorfosis en la obra de Kafka. Huir, esconderse o tenerse en menos es la alternativa de muchos. Pero no tiene porqué ser así. He intentado educar a toda una generación de muchachos en las buenas y en las malas y a pesar de que nunca salí maestro del año, sé que muchos me deben haber despertado su conciencia a la libertad y a la dignidad que debe caracterizar a un ser humano. No lo digo para vanagloriarme sino para que se vea que una persona con limitaciones puede llegar a ser un ejemplo para las generaciones más jóvenes, incluso para los que han nacido con mejor suerte.

He combatido posturas ideológicas de racismo, machismo, y complejos de superioridad en la radio, escritos, tratados y manuales sobre principios evangélicos que contradicen estas posiciones. A pesar de estos logros, el sentimiento de angustia parecía no desaparecer en las personas que me consultaban. El sentimiento de parecer distinto es el denominador común. Un joven universitario me cuenta de su experiencia matrimonial la cual, según él, fue un verdadero fracaso aunque intentó ser lo mejor que pudo. Creo que mucho tuvo que ver su inmadurez psicológica, su inexperiencia en el mundo con las personas y sobre todo la pobreza económica. ¡No voy a culpar a nadie por mi fracaso!-me dijo-. La gente es como es y nosotros venimos obligados a aceptarlos o a rechazarlos. De su actitud aprendí mucho. Con el tiempo volvió a contraer nupcias dándose una segunda oportunidad. Finalizó la consulta diciéndome: siempre estoy dispuesto a seguir aprendiendo, a crecer, a no dejarme anonadar por los fracasos. Esa es la actitud que sana el alma.

Sé que muchos difieren de mis argumentos por la sencilla razón de que no saben lo que es ser extremadamente pobre o exageradamente "distinto" En este punto creo que la razón de la encarnación del Dios eterno en la persona de Jesús tiene que ver con eso de ser diferente. Dios en carne viva sufrió la violencia del escarnio, de la burla y el desprecio. (Aunque por razones diferentes a las que aquí discutimos). Por eso pienso, nos comprende. Lo que digo es que Dios está de nuestro lado, está de nuestra parte porque no hay nada que hayamos padecido que en sí mismo no hubiera experimentado.

Debemos aprender el lenguaje del agradecimiento y desechar la queja porque no se gana mucho con esa práctica, la gente no te cree cuando les cuentas y los que lo creen no están dispuestos a ayudarte, pero Dios sí. Visité a un hombre de más de noventa años cuya condición física era envidiable. A esa edad visitaba con frecuencia la panadería, no usaba su auto, y respiraba tranquilidad y gozo. Le pregunté su secreto y me dijo: Yo le doy gracias a Dios por todo, vivo agradecido y contento. Ese era su secreto. Vivir contento. Vivía con su mujer en una casita de madera, en los altos de otra y se contentaba con un televisor pequeño y barato. Sin embargo era feliz.

Sé que muchos en esta condición viven amargados y quejosos y sé que en su fuero interno desean escuchar una palabra de aliento para seguir adelante. Yo estoy dispuesto a darla porque sé que se puede. He hablado con muchas personas sin aparentes defectos físicos que no soportaron estar algún tiempo en el "laboratorio" o "manicomio" escolar. Huyeron despavoridos. Conocí psicólogos que daban conferencias por las escuelas salir decepcionados de los planteles, felicitando a los maestros que día a día enfrentan los problemáticos del sistema. También conozco a muchos maestros que amaban y aman su profesión. Había de todo en esta viña.

No eran distintos ni defectuosos. No es fácil para el maestro "normal" y mucho menos para el defectuoso. Viene a mi mente el relato bíblico del hombre que llega a una fuente que un ángel revuelve ocasionalmente. El que llegaba primero podía sumergirse en sus aguas y quedar sano. La vida es una carrera de oportunidades que llegan como llegan los milagros: de mil en ciento. Por eso se llaman milagros, porque son escasos y poco frecuentes. En nuestra sociedad suele darse la filosofía del "más listo". Generalmente los defectuosos se vuelven algo tímidos por razón de su condición. Pero no siempre es así.

Algunos se vuelven cínicos, agresivos y malintencionados. No todo el que mira a uno lo hace con menosprecio, pero en otros el sentimiento de repugnancia se percibe especialmente en su lenguaje corporal. Algunos en los comercios -quizás a causa de sus empleos y con cierta dosis de hipocresía- les tratan con cierta elegancia, a pesar de ellos mismos. He aprendido a leer en los ojos la intención del alma. Casi soy un experto en esta materia. Lo interesante de todo el asunto es que todos reaccionan de la misma forma. De ahí al desprecio no falta mucho. Como Cristo dijera alguna vez: del corazón salen los crímenes. Nacen ahí. Se engendran en el pensamiento y se llevan a cabo a la menor oportunidad. Nunca es tan evidente la maldad del ser humano, como cuando se enfrenta a un defectuoso. Quizás por eso Dios en Jesucristo se solidarizó precisamente con los más despreciados de la sociedad de su tiempo.

Volviendo al hombre de la fuente en la Biblia se dice que Cristo estaba mirando la situación y se acercó para indicarle que Él era la verdadera fuente de la vida. Lo que tenía que hacer es creer y su salud volvería. La narración indica que el hombre creyó y fue sano. Así de fácil. Es cosa de la gracia y la misericordia. Tal vez uno nunca entenderá porque Dios permite tanta desigualdad y tanta injusticia, pero solo él lo sabe. La cuestión es primeramente humana. En los escritos antiguos de los hindúes se habla de un hombre que no entendía porque Dios permitía que él sufriera las vicisitudes que le ocurrían. Un monje le explicó que Dios como padre anhela que su hijo madure, que aprenda por sí mismo a resolver sus problemas sin necesidad de él constantemente.

Pienso que es equivocada la doctrina que establece una total dependencia de Dios en todos los asuntos cotidianos. Por supuesto que Dios está dispuesto a acudir en nuestro auxilio cuando nuestras fuerzas desfallezcan. Sin embargo, muchos hemos notado que su intervención a veces es tardía precisamente por lo que hemos dicho. Tenemos que madurar. Las caídas son parte del aprendizaje a que Dios nos somete. Caemos porque no siempre contamos con la voluntad suficiente para resistirnos o porque no contamos con las herramientas adecuadas. No se trata de que seamos menos o más astutos que otras personas. Sé de personas dotadas de una inteligencia "superior" que sencillamente hicieron poco con sus vidas y viceversa.

Muchos jóvenes prometedores que llegaron a convertirse en artistas de cine murieron prematuramente porque se involucraron con drogas y sucumbieron a la tentación de ese demonio. La mayoría de ellos por sobredosis. Muchachas preciosas y talentosas, hermosas, inteligentes y famosas, destruidas por las malas decisiones de acudir al llamado de los fantasmas de un placer ficticio antes de acudir al llamado del Espíritu Santo. Dios frecuentemente no detiene a las personas en sus decisiones inmediatas pero nos advierte de las consecuencias. Es el caso de Caín y Abel. El Señor no detuvo la mano de Caín cuando mató descaradamente a su hermano, sólo por envidia. Ni detuvo a Sansón cuando se enamora de la mujer equivocada, ni a David cuando codiciando la mujer de su prójimo, manda a asesinar al esposo para quedarse con la viuda. David tiene el cinismo de condenar con vehemencia esa injusticia a los otros.

Algunas personas están tan enajenadas, es decir distanciadas de su propia personalidad que son incapaces de autoanalizarse y ven en los demás lo que deberían condenar en sí mismos. Es lo que Cristo llamó la paja en el ojo. Antes de criticar a otros, deberíamos hacer un examen minucioso de lo que somos, para entonces poder opinar sobre la situación de los otros. Podemos lograrlo si nos lo proponemos. La felicidad no se alcanza condenando a nadie pero tampoco aprobando su conducta licenciosa. Compadecer a una persona no es justificar su maldad. La Biblia lo deja claro. Eso es ser limpio de corazón. Porque el corazón es engañoso es que debemos hacer el análisis y desalojar las impurezas. No vemos que Caín se haya arrepentido de su maldad, pero Sansón si lo hizo y alcanzó misericordia, lo mismo David quien se humilla ante Dios y recibe el perdón. Lo notamos. Su grito de angustia termina siempre con otro grito de victoria. Porque se puede.

Cada caída y error cometido puede ser reparado. La historia de Zaqueo el publicano, como hemos visto, confirma que uno puede levantarse del suelo y reparar los errores cometidos. Israel es un pueblo con promesas, pero la promesa no se da en bandeja de plata. Cristo alcanzó el cielo para nosotros con su vida perfecta de obediencia. Tuvo que luchar para y por nosotros, tuvo que enfrentar las más crueles estrategias del demonio, sufrir los estragos que causa el pecado. Por otro lado nos exige dejar a todos los que se oponen al llamado, sea padre o madre, esposa o hijo. Nos exige tomar la cruz y seguirle. Nos exige practicar la libertad. Tomar la libertad, hacerla nuestra sin las mediaciones de la familia o cualquier interferencia mediática. Una y otra vez he tenido lo que he llamado "crisis de fe". Pero cualquier ser humano pensante las tiene. Dios no se da fácilmente sino por medio de revelaciones. La revelación suprema es Jesucristo, pero todavía aquí, Dios se esconde para probarnos si estamos dispuesto a seguirle en la pobreza, en la humillación y en el sufrimiento.

¿Qué hacer?

1. Debemos auto analizarnos constantemente para no juzgar
2. Aprender a callar es madurar, y hablar cuando corresponda
3. Mantener el espíritu en actitud de oración
4. Seguir adelante a pesar de las circunstancias

EDUCADOS PARA LA LIBERTAD

En mi libro Educados para amar (1995) sostengo el tema de cómo Dios, por medio de su Espíritu, nos lleva por los caminos de la madurez, paso a paso, a través de las pruebas y a veces por medio del sufrimiento. Incluso al experimentar la muerte nos sigue educando. Pero también nos guía para la libertad. Cuando san Pablo escribe en Romanos 1:17 que la fe nos libera "de" y "para" yo entiendo que usa las preposiciones con el fin de distinguir entre lo que hemos obtenido en Cristo, de lo que tenemos que hacer nosotros en el reino de este mundo. Una cosa es ser liberado de algo y otra es con qué propósito usamos esa libertad. Muchos cristianos sinceros no saben qué hacer con su libertad. Cuentan que cuando se produjo la guerra civil en los Estados Unidos y uno de los issues era la libertad de los esclavos, muchos de ellos, una vez libres, no supieron qué hacer con su libertad. Así pasa con muchos cristianos que han sido liberados de las garras del diablo. De ahí la necesidad de la dirección y guía del Espíritu. No necesariamente esta guía se da por impulsos del corazón. Dios puede utilizar lecturas, sermones, interpretación de la Biblia o incluso de libros como éste.

La libertad "de" en romanos 1:17 supone la liberación del pecado. Solamente mediante la sangre de Cristo es posible. Una vez que Cristo nos libera de la maldición de la ley, del yugo de la maldad, del cautiverio del diablo nuestra forma de pensar, de actuar, de hablar deben conformarse "al corazón de Dios" o nuestra fe quedara en un vacío, una especie de limbo como el que experimentamos cuando estamos en un país extraño. La conversión es como entrar a un mundo nuevo, con expectativas de cara al futuro, pero pensando en el viejo. Por eso debemos andar con cautela para evitar las trampas y hoyos del camino.

En eso consiste la libertad "para". La logoterapia nos explica que para conseguir este "para" debemos vivir los valores de creación, de experiencia y de actitud. De mi parte insisto en esto último. Adoptar una actitud positiva ante situaciones que nos presente la vida, incluyendo la enfermedad y la muerte. Libertad "para" es, como dice Frankl, una libertad para trascender, salir de nosotros mismos y convertirnos en servidores. En la medida en que uno centra la atención en uno mismo pierde de vista el objetivo y sentido de la vida. Por eso Jesús insiste tanto en ser servidores, en vivir la comunión de mesa, es decir, pensar en nuestro prójimo. Ya Calvino, el gran reformador, había notado que las dos tablas de la ley se dividen en mandamientos sobre nuestra relación con Dios y la otra tabla, en mandamientos sobre nuestra relación con el prójimo. Dios nos hace libres para que sirvamos. Estos son valores de creación. Ser libres es sinónimo de responsabilidad. Quedamos atados a un compromiso con Dios, con la vida, con nosotros mismos, y con nuestros semejantes. El compromiso con Dios permea a los demás porque el mandato es velar por nuestras almas, velar por los demás, y conseguir un sentimiento de paz y de llenura que nos haga valorar la existencia en lo que vale con miras a un futuro de promesas en Jesucristo.

Velar por nosotros mismos es primordial porque sin salud física o espiritual no podemos ayudar a otros. Conozco a un joven cristiano de mi pueblo que habla de la Biblia con ardor, pero que es incapaz de superar su propia condición depresiva. Ha intentado suicidarse varias veces, pero cuando conversa con uno muestra cierta pasión por lo que cree. La verdad es que no es fácil convencer a otros con palabras, lo que no se vive con los hechos. La responsabilidad va de la mano con la libertad porque exige compromiso. El mandato de Filipenses 4:8 es salud para la mente, para el pensamiento, para el alma. Somos responsables de alimentarnos de forma saludable, de huir de las adicciones, de los alimentos chatarra, de gastar de forma prudente nuestros recursos por pocos que sean. Somos responsables de buscar información sobre aquellas cosas que nos conviene hacer, como cuales son los alimentos adecuados, las lecturas adecuadas, los pasatiempos que beneficien y nutren nuestro espíritu. Somos responsables de mantener la calma en situaciones estresantes, de no engordar demasiado, de beber mucha agua para oxigenar nuestro cuerpo. Evitar los excesos. Somos responsables de buscar un trabajo que nos proporcione la satisfacción y el orgullo por lo que hacemos. Realizar las tareas que nos hagan felices. Si tenemos talento para cantar pues hacerlo. Descubrir nuestros talentos es responsabilidad de cada quien. Si te gusta escribir poesía, escribe, si te gusta ir a la playa pues adelante. Compartir con la familia, es importantísimo, pero sacrificarse uno en pos del bienestar de ellos lo encuentro irracional. Los hijos a veces se meten en deudas tan grandes que se vuelven esclavos de las mismas y después comprometen a los padres en sus compromisos. Yo digo que es una actitud egoísta y no debe ser. Los hijos deben procurar que sus padres, al final de sus carreras, estén libres de deudas y de cualquier otro compromiso que los ate al estrés y a la angustia. Las finanzas deben supervisarse constantemente. Gastar más de lo debido no es una política sana. Dejarse arrastrar por la espiral de una sociedad que exige tener cosas superfluas es estúpido y poco sensato. Trastos y más trastos significa deudas y más deudas que desembocan en depresiones profundas y amargura. Conozco el caso de una joven que viste con el último grito de la moda, con un auto elegante del último año, que tiene cuanto aparato electrónico sale al mercado, pero para lograrlo debe trabajar como bestia y el resultado es una amargura constante y un pesimismo taladrante que contamina a los demás. Otro caso muy cercano a mi familia es el de una joven mujer, afanada por enriquecerse y con proyecciones cada vez más altas, que en vez de ganarse el respeto de los que la rodean muchos la tenemos como una egoísta empedernida, que solo piensa en sí misma y en su objetivo en la vida: vivir como millonaria.

No hay nada malo en la superación, en el deseo de vivir bien, siempre y cuando no dependa de olvidarse de los otros y de su propia alma. Las riquezas de la vida están, a mi juicio, en lograr la paz interior y en la satisfacción del servicio. No hay que ser millonario para lograr esto. Ser libres significa que nos podemos mover con la frente en alto, sin avergonzarnos, sabiendo que lo que teníamos que hacer, esto hicimos. Para los "distintos" es más difícil pero no es imposible.

El llamado "bullying", las miradas de asco y de odio hacia los impedidos, las miradas de lástima son piedras en el camino, pero tenemos la libertad de echarlas a un lado, de luchar contra ellas, de saltar sobre ellas, porque Dios está con nosotros. Dios siempre recompensa los esfuerzos, las buenas intenciones, y las acciones en pro de los necesitados. Esto no es fábula, ni un cuento. Es algo real que podemos lograr: la felicidad está al alcance de todos porque no depende exclusivamente de factores externos. La fuerza interior hay que buscarla como el tesoro de que habla la Biblia. Cuando yo no sabía manejar autos un amigo me dijo: eso se logra confiando en uno mismo. Era algo obvio pero no muy explícito. La confianza en uno mismo no viene de la nada, ex nihilo. Esa confianza viene de la experiencia, del aprendizaje, de la práctica constante. Para aprender a manejar como cualquier otro aprendizaje, debo tomar un auto y manejarlo. En mi caso, nunca tuve la oportunidad de tener un padre que me enseñara. Lo pude lograr en mi etapa de adolescente, cuando un amigo tuvo la osadía de prestarme su auto. Los autos automáticos son fáciles de manejar pero yo quería manejar el de transmisión manual (estándar). Tuve que esperar a poder trabajar para comprarme uno. No sabía cómo llevarlo a mi casa y le pedí a un jovencito del barrio que me hiciera el favor de conducirlo. De ahí en adelante, intente manejarlo por mi cuenta .la tarea fue difícil pero pude hacerlo. Realmente se puede con voluntad y esfuerzo. Por supuesto que ha habido muchas cosas que no he podido superar, pero no me desanimo, sigo adelante intentando cada vez que puedo. Sé que lo puedo hacer porque otros lo han logrado y yo no soy menos. Soy más, porque le sirvo a un Dios todopoderoso. He dicho que para un defectuoso convertirse en un profesional requiere de una vitalidad y del doble de esfuerzo que para cualquier otra persona "normal". La verdad es que a los veinticuatro años de servicio, de educar generaciones, de soportar un trabajo que no me llenaba, estuve a punto de dejarlo todo atrás, de renunciar a mis derechos, de claudicar. Le rogué a Dios dirección y me atreví a seguir estudiando. El resultado fue otro grado de maestría, esta vez en consejería que me permitió cambiar de puesto y de visión del mundo.

Así fue como encontré una satisfacción que nunca tuve antes. Por fin pude alcanzar mi espacio personal o como diría Coelho: mi leyenda personal. En el ínterin, la edad avanzaba. Mi libertad se ampliaba y mis horizontes también. Los estudios pueden hacer la diferencia tanto para el defectuoso como para el espécimen "normal". La educación es la herramienta más importante para que nuestro destino se incline a nuestro favor. No hay razón para mortificarse con un trabajo que no nos gusta. Deberíamos intentar el cambio. Muchas veces sentimos terror con la idea de un cambio. Yo pienso que me tardé demasiado en proceder a dar "el salto", pero para los que confiamos en Dios, más que por el destino, las cosas caen en su tiempo. Definitivamente hay que atreverse a cambiar cuando es necesario.

En mi primera experiencia universitaria releí el ensayo del escritor español, Miguel de Unamuno que invitaba a los estudiantes a no conformarse "con el pájaro en la mano" producto de la costumbre. Decía el pensador que (contra toda tradición y costumbre) había que soltarlo para ir en busca de los que van volando. Soltar el pájaro para mí, realmente fue una experiencia dolorosa, no porque me gustaba lo que hacía, sino porque tenía miedo de no poder hacer bien mi nuevo trabajo. El miedo puede paralizar a uno. Conozco a una persona muy cercana, que nunca ha sido feliz en su matrimonio.

Vive atormentado y resignado a tener a su lado una compañera que no es para nada compatible con él. No es lo que la Biblia llama una ayuda idónea. Pero tiene miedo de dar el paso. De salir, de volar, de ir en busca de los otros pájaros que vuelan a otro destino. Así lleva mucho tiempo, demasiado y sigue paralizado. Eso de que el matrimonio es para toda la vida puede sonar bien, pero en la vida real, a veces adquiere dimensiones de pesadilla. No defiendo el divorcio fácil, ya que creo en la fidelidad matrimonial y en el esfuerzo que debe hacerse para conservarlo. Pero cuando las cosas han llegado a límites y la separación es más conveniente que no hacer nada, entonces es el momento de tomar decisiones. La felicidad no puede depender de una esclavitud. Nadie nace pegado al cónyuge. Son decisiones que uno toma, buenas o malas. Y si son malas pueden repararse. Dios no quiere que seamos infelices. La felicidad es una decisión. Mi segundo matrimonio me abrió a unas oportunidades que antes no gozaba. Esta decisión, a pesar de ser dolorosa, puede salir bien. Lo que importa es que lo decidiste tú. Lo impactante es que te atreviste a hacer algo. Y eso no tiene precio. Así que me decidí a cambiar de pareja y de profesión para sentirme realizado y créanme, lo conseguí.

Muchos pastores y amistades intentan controlar nuestras vidas con sus consejos y usan la autoridad de la Biblia para lograrlo. Conozco cristianos atados a costumbres y a creencias absurdas que nada tienen que ver con nuestra relación con Dios. Son prácticas inventadas por ellos sobre la base de interpretaciones poco evangélicas pero que aplican a sus sermones como si fueran la voz de Dios. Patrañas que esclavizan e hieren la libertad como punzantes ortigas. Los feligreses son como ovejas idiotizadas por el esplendor de un tirano que desde el púlpito manipula las conciencias. Salir de las creencias falsas no es una tarea fácil, pero se puede. Dios nos educa para la libertad y nadie tiene derecho a esclavizarnos. Nadie. Podemos diferir con respeto, podemos ser resilientes, tolerantes, pero no fanáticos. Podemos pertenecer a un grupo con doctrinas bíblicas y evangélicas pero no por eso debemos someternos a los caprichos de sus dirigentes ni menos aceptar todo cuanto dicen. Usar nuestra libertad de diferir era lo que hacían los bereanos cuando escuchaban predicar al apóstol san Pablo. Usaban su libertad con inteligencia y sobre todo con la aprobación divina. Si no somos felices con las doctrinas extrañas que nos inculcan debemos buscar las razones para ello y corregirlas.

¿Qué hacer?

1. Use su libertad con prudencia
2. La libertad va unida a la responsabilidad
3. La responsabilidad, dígalo usted mismo, es sanadora
4 Si debe consultar a alguien, hágalo con un profesional

LOS ODRES

El pensamiento de Jesús va dirigido a formar una nueva mentalidad en la persona. Por eso habla de echar vino nuevo en odres nuevos. Se refiere a que una vez hemos recibido la Buena Noticia del evangelio (el vino nuevo) somos capaces de seguir adelante adoptando pensamientos en armonía con lo que él enseña (el odre nuevo). Por supuesto que la esencia del mensaje es la gracia versus la ley, el Nuevo Testamento versus el Viejo pero no deja de ser cierto que no se circunscribe solamente al status ante Dios cambiado por Jesus representante. Somos perdonados en virtud de su obra redentora. Pero Dios se interesa en nuestra felicidad aquí en el mundo. Cristo habla a personas liberadas, a gente cuya mentalidad ha dejado atrás las "cosas viejas"(el odre viejo) para comenzar a vivir en abundancia con las nuevas.

El Espíritu Santo es el maestro por excelencia. Nos aclara con profundidad sobre los misterios del Redentor. El perfil de Jesús, rico en sustancia, se hace evidente en nuestras vidas, y deseamos parecernos a él. Las parábolas, las reflexiones y los pensamientos neo testamentarios van dirigidos en dirección a este tema sobre la superioridad de lo nuevo sobre lo viejo. En la producción de un vino de calidad lo viejo supera a lo nuevo, pero aquí "nuevo" no se refiere a un tiempo específico sino a un estado superior de cosas que ha sobrevenido.

Cuando el apóstol Pablo habla sobre el "hombre interior" no se refiere a que se ha creado una nueva entidad dentro del cuerpo humano como a veces se cree ingenuamente, sino a una forma específica de pensamiento en armonía con el nuevo sistema de cosas a partir de la resurrección. La ley del amor se espera que impere en la mentalidad del nuevo hombre. El amor es, por decirlo así, el vino nuevo derramado en la nueva mentalidad del creyente. En las bodas de Caná, donde se reparte al final el buen vino, es una alegoría sobre la escatología, es decir lo nuevo que ha llegado al final de los tiempos. La gente, borracha con los viejos sistemas de enseñanza, no percibe el sabor excelente y de calidad proporcionado por la buena noticia (el buen vino). Solamente los "expertos", es decir los que han aprendido a discernir el evangelio de lo que no lo es, notan la gran diferencia entre uno y otro.

El énfasis no está en el catador del vino, ni en las personas que lo bebieron, sino en aquel que lo produjo. Lo que nos conduce a pensar que el catador o discernidor de la buena noticia está sobrio, no está intoxicado con bebidas embriagantes de otros sistemas y enseñanzas. La sobriedad pues, caracteriza al cristiano evangélico. La sobriedad nos inclina hacia el análisis, hacia la reflexión y el dominio de las pasiones. En otras palabras, nos mantiene alerta. Y hay que estar alerta contra los engaños, contra la percepción errónea de que vivir para Dios es esclavizarse a costumbres, a mandatos y a conductas santurronas y narcisistas como si pusiéramos el ojo en nosotros mismos. Repetimos una vez más, fuimos llamados a ser libres. El éxodo del Antiguo Testamento es no solo la historia verídica de un pueblo llamado a la libertad, sino que es el llamado de todo cristiano a saborear la libertad, a experimentarla y por eso a hacernos responsables de nuestro destino. Los profetas y hombres de Dios son los pregoneros de la justicia, la voz permanente de Dios para aclarar la voluntad soberana del Altísimo, contra la maldad, la injusticia, la mentira y el dominio de unos sobre otros. Los sacramentos, y en particular la llamada "santa cena" no es otra cosa que el vino que tomamos, los que de una forma personal queremos unirnos a la gran franquicia evangélica del reino. "Beber" la sangre de Jesús, mediante la ofrenda del vino es reconocer el pacto de Jesucristo con su Dios, permitiéndonos formar parte de la gran familia del futuro. "Comer" su cuerpo dentro de la comunión de mesa nos hace particularmente unidos a su destino, a nuestra íntima relación con Él, y con los demás seres humanos.

La descripción que hace Gálatas 5:22 sobre el fruto del Espíritu es lo que debe llevar el "odre" de nuestro pensamiento: amor, gozo, paz, paciencia, benignidad, bondad y fe. Paradójicamente lo nuevo se va fermentando hasta llegar a convertirse en el buen vino que saboreó el maestresala. "Mientras más viejo mejor sabe", es un proverbio que nace de la experiencia con la vid y se refiere en términos espirituales al cristiano maduro en la fe, quien es capaz de dejar que nazcan en él los frutos del Espíritu. Para que una persona se deje posesionar por el amor debe madurar hasta tal punto que posponga lo superficial sobre lo permanente y use la sabiduría en vez de dejarse arrastrar por la inseguridad de las pasiones. Generalmente las personas maduras después del largo proceso de profunda experiencia, adquieren capacidad para enfrentar los duros momentos de la vida. Y digo generalmente porque no siempre es así.

Los mitos sobre una "nueva naturaleza", una entidad llamada "el hombre interior", o frases como la de un nuevo nacimiento son metáforas para indicar que se ha creado, como hemos reiterado, una mentalidad de tipo evangélica que mira hacia el futuro de la resurrección, y que lleva como secuela la paz de Dios, y por ende, el crecimiento de una sensación llamada felicidad. Es algo que puede mantenerse porque depende de nuestra elección. En momentos trágicos como la pérdida de un ser querido, un accidente o pérdida de fortuna, la noticia negativa de algún suceso desafortunado, es natural que nos sintamos tristes y a veces abandonados. Lo importante es no quedarse estancado en medio de la dificultad. Es necesario salir del pozo negro de la desesperación. Un odre nuevo con vino nuevo no se rompe. Lo nuevo no es "sin fermentar", sino que es nuevo porque antes no se había descubierto. El odre nuevo parte del principio de la resurrección. Por eso el apóstol Pablo puede hablar de una "nueva creación". Hasta el pacto se considera "nuevo". El Nuevo Testamento se configura desde la perspectiva de la resurrección. Seguir con las mismas actitudes, con el negativismo y desesperación del mundo, indica que no ha habido un nuevo renacer. El vino no es nuevo, sigue prevaleciendo el viejo con la "semilla de su propia destrucción". La esperanza nos mantiene en el camino y sólo conservan la esperanza los que se aferran a su poder.

Es bien sabido de personas que nunca encuentran la felicidad en espera de que "mejoren las cosas". Las expresiones más frecuentes son estas: seré feliz cuando tenga dinero, cuando encuentre a la mujer perfecta o al hombre perfecto, cuando tenga un buen auto, cuando tenga una buena casa, cuando mis hijos se conviertan a Cristo. En espera del futuro se les escapa el presente. Otras personas se concentran en el pasado. Si no me hubiera ocurrido esto sería feliz, si hubiera tenido buenos padres, si no hubiera sido tan pobre, si mi educación no hubiera sido en la escuela pública. Y de este modo el momento se escapa y cuando abrimos los ojos, ya estamos de vuelta a la tumba. Hay que vivir la vida, como dirían los existencialistas, "momento tras momento" o como hacían algunos poetas en el siglo dieciséis con su famoso slogan "el carpe diem" que significa precisamente "vive el momento".

No se trata de hacerlo al estilo de los hedonistas, ni de los epicúreos, aquellos que en el tiempo de san Pablo proclamaban el lema: "comamos, bebamos porque mañana moriremos" (1 Corintios 15:22). Es sencillamente vivir con Cristo en el tiempo presente. Una vida llena de paz y de tranquilidad con la confianza de que Dios nos protege y nos guía "por el valle de sombra y de muerte". El salmo 23 a este respecto es fundamental. Dios se presenta como nuestro pastor que nos conduce a pastos verdes y fecundos. Otra vez la esencia del mensaje se concentra en la mente, es aquí donde se dan las batallas más recias, donde vive la fe, donde se toman las decisiones. Desentendiéndose del futuro, la mente alberga sentimientos de placer en la práctica del bien, en el presente, con el ejercicio de la confianza, en la proyección de una esperanza garantizada por la obra de Jesucristo hacia un futuro que comienza desde ahora. El salmo alega "que nada me faltará". Y esa "nada" es un fundamento concreto, un ancla de la mente para no divagar en aguas desconocidas y peligrosas. Por eso, cuando las pruebas de la vida nos estremecen amenazando con tumbarnos "el nada me faltará" aviva nuestra fe y nos mantiene en el camino. La exhortación del salmista es a caminar con Dios en todo momento. No solamente en las dificultades, sino en la alegría, en el gozo, en la paz.

¿Qué hacer?

1. Viva el presente que Dios le ha ofrecido
2. Piense que con Cristo hemos resucitado a una nueva mentalidad
3. Aprenda de memoria el Salmo 23

VAMPIROS DE EMOCIONES

Frecuentemente nos encontramos con personas amargadas, egoístas y pesimistas cuya misión en la vida parece ser robarnos la energía, la paz y crear una atmósfera pesada de incertidumbre y ansiedad. He escuchado mucho el término que ahora suscribo: vampiros de emociones. Nos chupan la energía como los vampiros hacen con la sangre. Conviene no juntarnos con personas así. Son vampiros también los que se enojan con uno cuando se les contradice poniendo cara de gruñones, volcando contra uno toda su intolerancia y desprecio. Casi siempre tal actitud proviene de la ignorancia y más vale no intimar demasiado con ellos. El pesimismo se pega tanto como el optimismo.

Debido a nuestra naturaleza de pecado es más fácil caer en la desesperación y la ansiedad que mantenernos en la fe y la esperanza. Esta es una cuestión que decidimos nosotros. Hay libros que hablan de una vida con propósito y uno se pregunta cuál será el propósito de estos vampiros de emociones que deambulan por el mundo. Tal vez el propósito no siempre hay que verlo en términos positivos. La verdad es que cuando nos enfrentamos a dichas personas y logramos resistir, nos hacemos más fuertes, que es el objetivo bíblico de las pruebas. Debemos recordar que el pesimismo nada resuelve. Si resolviera algo valdría la pena poner cara de tristeza y de encono. Pero ocurre lo contrario, el pesimismo drena nuestras fuerzas y nos coloca en una posición de desventaja frente al mundo y sus depredadores. Por lo contrario, ver la vida con ojos de optimismo nos asegura la paz y nos mantiene activos para enfrentar la situación y el problema desde una perspectiva objetiva, libre de prejuicios.

Recordemos siempre que para todo hay solución y mucho más cuando entregamos nuestras cargas a Dios. Eso no significa inactividad sino impulso. La vida es dura pero no por eso debemos entregarnos al negativismo. Tampoco voy a caer en el clásico cliché de que el dinero no hace falta. Los pregoneros de esta falsedad son los que quisieran vernos dormidos y derrotados para seguir disfrutando lo que otros carecen. Pero no hay que centrar la existencia en la búsqueda de bienes materiales con obsesión, cuando hay otras cosas de mucho más valor a nuestro alcance como por ejemplo, el tiempo que dedicamos a nuestros hijos y a la familia en general. Amar es el máximo galardón que podemos disfrutar y prodigar.

Luchar por lo que queremos es bueno y gratificante. Pero no debemos convertir en ídolos las bendiciones que Dios nos provee echando a un lado su Presencia. Jesús al sanar perseguía un doble propósito, devolverle a la persona su deseo de vivir y convencerlos de que toda sanidad proviene de lo alto. Ser portadores de buenas noticias es el equivalente inverso de los vampiros de emociones. Personalmente odio ser portador de malas noticias, lo que se conoce como "disangelio". Los cristianos y el mundo en general estamos llamados a proclamar las bendiciones del cielo. Si por alguna razón tenemos que hacer lo contrario, deberíamos llevar en nuestras manos un remedio, una palabra de consolación, una manera de suavizar la intensidad de la mala noticia. No todo el mundo posee el mismo nivel de fe y de esperanza, y por eso san Pablo exhorta a los más fuertes a ayudar a llevar las cargas de los débiles. Las bendiciones son para repartirlas, no para disfrutarlas individualmente. El ser humano posee la capacidad de adaptarse a todo, lo que puede convertirse en una ventaja.

Habituarnos a ser llorones o vampiros o acostumbramos a estar alegres, y ser optimistas, a dar energía y no a quitarla. Cuando Jesús describe su ministerio lo hace pensando en el bienestar de la humanidad, en la cura de almas, en la sanidad del cuerpo y del alma: los cojos andan, los ciegos ven, los sordos oyen y a los pobres es anunciado el evangelio (las buenas noticias). Y esto es precisamente lo bueno: que podemos cambiar nuestra actitud y manera de ser. Podemos dejar de ser vampiros para convertirnos en ovejas dadoras de lana. Con esta lana hacemos los vestidos que cubren la desnudez, que van detrás del Pastor, proporcionando calor y abrigo. Oigo mucho la frase, para mi lúgubre de que "la salvación es individual" y me parece una frase inventada por el diablo. La salvación no debe ser individual porque esto connota la frialdad ególatra de nuestro yo personal. La no preocupación por el destino de otros. Para eso Dios instituyó el hogar y la iglesia. Mejor aún, la iglesia hogar, donde pudiera habitar el desamparado. En este sitio no deben rugir los vampiros de las emociones porque es un lugar de refugio, de todos. Hay que arrancarle las alas a los vampiros para que no puedan volar y difundir su veneno y la mejor manera de hacerlo es practicando la solidaridad con el sufrimiento y conociendo lo que significa amar. Los vampiros en las iglesias y en los hogares son jueces. Los portadores de la buena noticia son abogados, defensores de las causas justas, comunicadores y apoyo de aquellos que lo necesitan.

Estoy consciente de lo mucho que se repite esto y de lo difícil que es vivirlo, pero se puede. Esta es la cuestión: se puede. Con dinero o sin dinero se puede, con inteligencia o sin ella, se puede, con defectos físicos y con impedimentos, se puede, porque nuestro apoyo viene de Dios. La vida es hermosa y vale la pena vivirla a pesar de las injusticias, del dolor y de la maldad que a diario experimentamos. Si otros han decidido volverse vampiros nosotros no tenemos porqué seguir sus pasos. Hay muchísimas razones para ser felices y las tenemos al alcance. En espera de que decidamos tomarlas.

En la narración del hijo pródigo siempre nos concentramos en las decisiones del hijo malvado, o sea del pródigo, pero el hijo "fiel" (el que se quedó) es clave para entender la narración. Éste ha sido caracterizado como un fariseo por generaciones. Clasificarlo así es caricaturizar su figura y no comprender la totalidad del mensaje. El muchacho no comprendía la magnitud de su herencia. Ni tampoco supo aprovecharla. La poseía, era suya, pero desafortunadamente no tenía el valor para extender su mano y tomarla. Es el caso de Israel, al que, según san Pablo, se le concede la ley, el pacto y el protagonismo en el ejercicio de difundir la fe judía. No la apreciaron, como tampoco lo hizo Esaú con su primogenitura.

Esaú cambió su primogenitura por un plato de lentejas (una especie de guisado). La primogenitura era el derecho que tenía el primer hijo sobre los bienes de sus padres al éstos morir. Era su herencia. Pero era algo que en su momento no se veía. No valoró lo que poseía hasta que fue tarde. Traído a nuestro escenario actual, tenemos hijos, nietos, salud y la queja a veces es constante y el pesimismo rampante. Pensamos más en lo que no tenemos que en lo que tenemos. Muchas veces nos fijamos más en las luces apagadas que en las prendidas. Y eso es ser vampiro. Dejamos de ser vampiros cuando nacemos de nuevo. Nacer a una comprensión del mundo construido por Cristo a base de su enorme sacrificio en la cruz: paz con Dios, aceptación, reparación, esperanza y futuro. El mundo está lleno de vampiros de emociones y no hace falta que los cristianos también nos convirtamos en estos monstruos.

¿Qué hacer?

1. Valorar lo que tenemos más y menos lo que no tenemos
2. Descubrir los momentos gratos y aprovecharlos
3. Huir de los vampiros y acomodarnos a lo que Dios nos sugiere

COMO LA GAVIOTA

Richard Bach escribió el best seller *Juan Salvador Gaviota* en 1970 pero las repercusiones de su pensamiento son imperdurables Es una gaviota que se esfuerza por elevarse hasta alcanzar límites insospechados. La esencia del mensaje es la siguiente: no podemos conformarnos con las cosas que tenemos. Hay que volar alto y esforzarnos por alcanzar metas. Esta obra la estudiamos los jóvenes que hacíamos el bachillerato en el 1973 en la facultad de pedagogía. Éramos jóvenes llenos de entusiasmo, deseosos de impartir el conocimiento y sabiduría a las generaciones que se levantaban.

Como hizo la gaviota, es necesario que remontemos el vuelo. Volar hasta alcanzar nuestras metas y después de conseguidas, seguir volando. No es casualidad que este escritor se haya inspirado en la aventura de la gaviota siendo un apasionado de la aviación. Todas sus obras aluden al aire, al vuelo, es decir a la libertad. De ahí los títulos inspiradores: Alas para vivir (1974), Ningún lugar está lejos (1979), Ajeno a la tierra (1963) y tiene otras. Para el autor y para nosotros la vida debiera ser una aventura, pero muchos nos conformamos con lo mismo. La vida hay que disfrutarla a plenitud porque no depende cien por ciento de las circunstancias que nos rodean. La mayor parte depende de nuestras decisiones. El Espíritu Santo nos muestra que existe una tierra donde fluye la leche y la miel, lejos del desierto de leyes que nos atan y nos imponen, que nos restringen. La consigna para Moisés y el sucesor (Josué) fue la misma: esfuérzate y sé valiente. Es decir extiende tus alas y vuela. Ningún lugar está lejos si nos esforzamos por alcanzarlos. La tierra que fluye leche y miel es nuestra porque es una promesa, sí, pero hay que tomarla, conquistarla, y Dios está ahí para respaldarnos. La fe en la promesa debe ir acompañada de la acción. Sigue ahí pero debemos lograr apropiarnos de ésta. La expresión "leche y miel" significa una tierra fértil, rica, dulce que apela al paraíso porque Dios la cuida. Y no queremos una tierra, por fértil que sea, donde Dios no esté presente. Precisamente cuando Moisés se encuentra frente a frente a Canaán sus palabras memorables fueron las siguientes: "si tú no vas con nosotros no nos metas". Dios estaba enojado con los israelitas por sus constantes rebeliones contra él y prometió que un ángel les ayudaría en la conquista, pero Moisés no aceptó la oferta. Yo tampoco la hubiera considerado. Sin Dios no hay posibilidad de ser feliz. Tendrían ganado (de ahí la leche), agricultura, abundante agua y muchas uvas para el vino, (riquezas). Pero tendrían que conformarse con el ángel. Dios no estaría presente. Dios era la esperanza para Israel y para el mundo. Tendrían todo, menos a Dios. Cuando hacemos alusión a obras memorables de escritores famosos nuestra intención es recordar que todavía en el mundo secular hay lugar para la esperanza. La fe y el amor como virtudes no aparecen muertos. Algunos escritores no creyentes en mi opinión son inspirados por Dios mismo para estimularnos a la lucha, al ministerio de la búsqueda de lo bueno, porque ni es un mito, ni es una ilusión la conquista de la tierra. Es el recordatorio de que por encima de las tinieblas que cubren el planeta el signo de la cruz como victoria sigue siendo el norte que nos continúa guiando hacia la tierra que fluye leche y miel. La tierra en la actualidad es la gracia, que es precisamente nuestra riqueza.

La gracia es el contenido del nuevo pacto que restablece figurativamente el paraíso. Las riquezas de este paraíso son gratuitas como indica el propio Cristo. Fue quien logró el restablecimiento de la comunicación con Dios interrumpida por el pecado.

Cristo es el vino nuevo para el odre nuevo y con él nosotros. La gracia es sinónimo de felicidad porque contiene todos los elementos que la constituyen: libertad, abundancia, paz. Anhelamos "la tierra" de la gracia. La experiencia de éxodo es la misma que acaece a todo ser humano en el mundo, es decir, cruzar por el desierto de la vida en busca de un lugar donde vivir en paz, y donde encontrarle sentido a la existencia. La gracia es el lugar sin límites de la gaviota que vuela por la fe hasta donde Dios se encuentra.

¿Qué hacer?

1. Creer en la promesa Sí, pero actuando
2. Extender las manos para alcanzar lo prometido
3. Entender que muchas de las limitaciones las imponemos nosotros

Somos la gaviota

Dentro de cada uno de nosotros hay una campana que suena indicándonos que debemos continuar adelante. Pienso que el éxito de autores como Pablo Coelho se debe a que sigue el sonido de esa campana y apela constantemente a esa tendencia por la superación que Dios ha puesto en nosotros. Todos deseamos cumplir con lo que él llama "la leyenda personal". Por eso libros como El alquimista, El peregrino, y otros suyos han tenido demanda dentro del mercado de la literatura. Yo mismo he escrito algunos libros como Educados para amar, La representación en Cristo, y un libro de poemas titulado: Luces desde el paraíso. Como la gaviota Dios nos ha permitido a mi esposa y a mí viajar por Europa y América Latina conociendo lugares y personas que han expandido nuestro acervo cultural. Todo esto sin mucho dinero. Las bendiciones de Dios son reales y lo experimentamos día a día.

LA COMUNICACIÓN COMO ARTE DE LA FELICIDAD

Pienso que nada es tan difícil de definir como la palabra amor. Las personas aman de muchas maneras. Se han escrito cientos de libros sobre el tema y sin embargo, a mi juicio, nada parece claro. La dificultad la describe san Pablo en 1 Corintios 13 cuando nos declara lo que no es el amor. Según él puedo hablar muchos idiomas incluso el de los seres celestiales, ofrecer mi cuerpo como sacrificio, repartir mi dinero a los pobres y con todo esto, según el apóstol, no se trata de amor.

Del corpus se desprende lo siguiente: El amor es comunicación. Puedo ejecutar todo lo anterior pero si no llego a tocar el alma de la persona no he logrado comunicarme. Detrás de las acciones y a causa de éstas lo que se esconde son las motivaciones. ¿Qué me motiva a dar mi cuerpo como ofrenda para ser quemado o mi dinero para ayudar al que me necesita? Lo que busco cuando amo es que la otra o las otras personas compartan lo que tengo, mi bienestar y mi paz. Hay quienes dan pero de manera egoísta o con fines poco altruistas, como el propio Jesús lo indica: dan de lo que les sobra (Marcos 12:41-44).

El amor es llegar al corazón de una persona auscultando su espíritu. No por otra razón se le llama a Cristo el verbo pues es quien comunica el amor de Dios. La Palabra se hace carne, participa de nuestra naturaleza, se comunica y lo demuestra con acciones concretas, sanando heridas devolviendo a los sentidos la capacidad de expresarse.

Entonces dar y compartir cobra sentido. La persona que es objeto del amor se siente identificada, atraída, protegida por el otro que ha sido capaz de encontrarle. Ha llegado a salvar las distancias, el abismo, la soledad del corazón y de esa manera logra la empatía. La parábola del buen samaritano lo ilustra gráficamente. Prójimo no es necesariamente el que está a mi lado, el prójimo es quien se aproxima a mi dolor, quien repara en mi sufrimiento, quien se detiene a sanar mis heridas y me conduce a la posada para que me cuiden y no conforme con eso, suelta de su dinero para que me sigan cuidando.

El herido, agradecido, contento, sabe que no continuará solo. Se siente acompañado en el "valle de lágrimas" El samaritano se ha comunicado de manera efectiva con el amor que nunca deja de ser, pues no busca lo suyo, lo que para san Pablo es el camino de mayor excelencia.

La excelencia tiene como resultado la felicidad según nosotros la entendemos. En la narración sobre la ofrenda de la viuda al que hemos hecho alusión (Marcos 12:41), Cristo afirma que la mujer dio una ofrenda excelente, mejor que la de los ricos porque lo hizo con amor, los otros daban de lo que les sobraba. Se subraya en el evangelio la motivación como el motor que impulsa los actos amorosos. El patrón que se muestra es la motivación de un corazón que se comunica. De este modo el amor puede llamarse así, en el sentido paulino.

La proximidad de almas se realiza poco a poco como se hacen las amistades verdaderas. Lo ilustra el zorro de la historia del Principito (1943) cuando pide al niño que lo domestique. Domesticarlo es acercarse. Acercarse conlleva cierta intimidad, cuando se dedica tiempo al amigo y le escuchamos.

Aprender a escuchar es de importancia capital para alcanzar la felicidad personal y la de los otros. El espíritu de soberbia debe rechazarse pues la soberbia es índice de inmadurez. Lograr un espíritu apacible no es nada fácil porque las personas tienen su orgullo y es difícil convencer a alguien con presupuestos. El don de la mansedumbre es poco frecuente y los que logran el dominio de sí mismos son los que triunfan. Como lo hemos señalado antes, para nosotros triunfante es quien tiene dominio de sí mismo y goza de paz y serenidad.

Los celos son pasiones desordenadas que perturban el equilibrio interno pero pueden ser controlados por la voluntad y el esfuerzo. Es fundamental recalcar que la paz interior proviene del Espíritu Santo una vez que estamos reconciliados con Dios. La entrega de nuestras cargas en las manos divinas, no es sustituida por el esfuerzo, pero somos nosotros quienes decidimos buscar el espacio que a Dios corresponde y el que pertenece a nosotros.

Lograr el control de uno mismo mediante la práctica de los mandatos de la Biblia, presupone el principio básico de la felicidad: la comunión social y el equilibrio. El apóstol Juan lo resume diciendo que el amor no hace mal al prójimo. Nos comunicamos, cuando escuchamos y respondemos, es decir, cuando nos esforzamos por ser mejores personas.

RECOBRANDO LA HUMANIDAD

Se engaña quien piensa que los mandamientos de Cristo son un capricho de Dios. Los mandamientos, puestos en el corazón, son el ancla de una personalidad bien formada. Una vida al garete, sin un propósito, llevada por convencionalismos sociales o religiosos no puede comprender ni experimentar la seriedad de lo que significa ser humano. Como hemos visto lo humano no es medible a base de "triunfos" en estudios, posiciones sociales,o las habilidades para dirigir empresas. La más grande empresa se adquiere cuando alcanzamos el mayor posible grado de humanidad.

Cuando adquirimos la capacidad para comprender el dolor de otros, de contribuir al desarrollo y felicidad mía y de mis semejantes. Ser "humano" no es en absoluto debilidad porque la sensibilidad, que es lo que la Biblia llama "el corazón" es lo más humano del mundo. Ser sensible es mirar con respeto lo que es distinto. La burla, el abuso, la crueldad son síntomas patológicos de falta de humanidad.

No por otra razón el teólogo san Agustín, definió el pecado como carencia de ser. Y concuerdo con él. La exhortación bíblica es mirar a las personas no como son, sino como debieran ser. La voluntad de Dios es que alcancemos nuestro pleno desarrollo, no como dioses, sino como humanos, sólo humanos. Hay un texto clave que resume maravillosamente lo que decimos. Se trata del capítulo 3, segunda de Corintios cap. 3:

Siendo manifiesto que sois carta de Cristo expedida por nosotros, Escrita, no con tinta, sino con el Espíritu del Dios vivo. No en tablas de piedra, sino en tablas del corazón.

La referencia a "tablas de piedra" infiere lo externo y superficial, la dureza inconmovible de la piedra, y al fariseísmo. En contraste el Espíritu Santo nos persuade a la sensibilidad y al altruismo, convirtiéndonos en prójimo de quien nos necesita. La humanidad de Jesús, vale la pena recordarlo, es el evento de mayor importancia en nuestra historia. El hecho de que Dios mismo se haya convertido "en barro"-es decir con las limitaciones de nuestra naturaleza-ha elevado la especie humana al mayor sitial de todos: el trono de Dios. Con la resurrección de Jesús, Dios nos ha llevado hasta su mismo trono en la persona de Cristo. ¡Cómo es posible que nos sintamos sin estima, cuando por la representación, ocupamos el mismo lugar donde yace nuestro Señor!

No queremos ni necesitamos sentirnos dioses: queremos ser humanos con todas las limitaciones que dicho estado conlleva. La confianza en uno mismo (o estima propia) no necesariamente se riñe con la fe porque su voluntad es que podamos alcanzar un nivel de madurez espiritual que sirva de canal para establecer una sana convivencia con nuestros semejantes. Virtudes como la firmeza, la confianza en las capacidades personales provienen del Creador que nos hizo a su imagen. Dicha particularidad de nuestra naturaleza nos capacita para realizar labores con eficacia. Confiar en uno mismo y en Dios no tiene por qué oponerse. Todos los dones y habilidades son un regalo.

La autoconfianza produce tranquilidad, cualidad necesaria para ser feliz. Nadie frustrado o bajo stress puede sentirse cómodo. Es vital rodearse de ambientes sanos, reunirse con personas alegres (la gente tóxica no es recomendable) de buenos sentimientos. Cuando mi esposa y yo estuvimos en Perú, fuimos a Machu Picchu, un lugar que rebosa tranquilidad y espiritualidad por la belleza de sus paisajes y la mística que transmite. En verdad es un santuario espiritual. Recordar el momento me produce un estado de tranquilidad inigualable. Pero podemos conseguir la misma sensación en la playa, contemplando el mar, escuchando el sonido de las olas. Cosas tan sencillas como posar bajo la sombra de un árbol, acariciar las flores o hasta subirse a un árbol nos trae a la memoria los momentos dulces y felices de nuestra infancia. Sin recuerdos hermosos la vida se torna pesada y desesperante.

Tenga cuidado con las noticias de la noche, con las bebidas que ingiere, con los ejercicios que hace. Personalmente soy muy sensible a la cafeína y para dormir necesito estar cansado. Salga de su "confort" estacionario, mueva su cuerpo. Cada vez más los científicos descubren los grandes beneficios del ejercicio físico. Se liberan hormonas de tranquilidad que son maravillosas. Necesitamos a veces estar solos, para meditar y hablar con Dios. Convenza al cerebro de que usted es feliz, que Dios tiene el control.

Uno de los pasajes bíblicos que me llama la atención es cuando Elías el profeta huye de la malvada Jezabel. Elías se refugia en una cueva y Dios se encarga de alimentarlo. El profeta ruega a Jehová que se manifieste de alguna forma. La mentalidad de Elías concibe a Dios en el ruido (quizás por su experiencia con los profetas de Baal) o tal vez la del Sinaí, en el fuego, o en la tormenta. Lo interesante es que la voz divina se escuchó en un viento apacible, suave y agradable. Es en la tranquilidad y el sosiego donde mejor se manifiesta su voz. Es el gran mensaje de la Biblia. Dios es tranquilidad y paz.

Es imprescindible llenar nuestra mente de pensamientos de paz porque Dios se encuentra en el espacio dulce del reposo.

Debemos ser conscientes de que la psicología no resuelve todos los problemas emocionales del ser humano por la sencilla razón de que existen problemas que son espirituales. El psiquiatra Víctor Frankl, a quien hemos citado anteriormente, se dio cuenta de esto y fundamentó sus terapias en el aspecto espiritual que concierne a nuestra naturaleza. Pero Frankl aborda el tema de lo espiritual como si fuera una rama de la psicología. Peale usaba la fe como un operante psicológico sin mayor trascendencia. Repetimos: la psicología empieza con el hombre y termina con el hombre. Aquí partimos de Dios (el evangelio) hacia Dios. Sin la buena noticia del evangelio nuestros esfuerzos por alcanzar la felicidad están abocados al fracaso.

El evangelio nos devuelve la humanidad reconciliándonos con la vida y eso basta para conseguir la felicidad.

¿Qué hacer?

1. Busque momentos a solas con Dios
2. Si no es cristiano, vuelva a la naturaleza a recrearse con ésta
3. Si es cristiano, convierta su despacho en lugar de oración
4. Permita que el Espíritu Santo moldee su carácter

DEBILIDAD Y FUERZA

Reconocer nuestra debilidad ante Dios nos hace fuertes frente al mundo. Suena paradójico pero es lo que dice san Pablo en la Escritura: cuando soy débil es que soy fuerte (2 Corintios 12:10). Yo no soy menos que el resto de la humanidad, soy tan fuerte como puede serlo cualquiera. Debo convencerme de esto. Para ser fuerte debo creer que lo soy, para ser feliz, es vital que me lo crea. La fe es la mayor de nuestros poderes junto con la potencia del amor. Yo elijo ser feliz, eso es fe. Pongo en lo que hago toda la potencia que genera la fe. Por algo Jesús avaló la fe como una fuerza que mueve montañas. Así de fuertes nos ponemos cuando usamos este recurso.

Elegir ser feliz es un acto de fe. Esto se debe a que podemos estar pasando por situaciones graves ya sean económicas, o de enfermedad. A pesar de las circunstancias yo puedo elegir ser feliz porque la felicidad es una emoción, un estado, una pasión que cambia si decidimos cambiarla, que permanece si queremos que permanezca. Perseverar es ser firme, ser fuerte, por eso la fe, la esperanza y el amor siempre van juntas. Cuando tengo fe doy el primer paso y lo doy porque tengo la esperanza de que lo vaya a lograr. Hay personas que literalmente insisten en lamentarse. El lamento, la desilusión y la amargura van de la mano. Paradójicamente son "felices" con su infelicidad y entonces se convierte en una praxis.

Es el mismo caso del estrés. Encontramos personas con tanta tensión nerviosa que ya no reconocen su propio grado. Viven ese poco confort como un compañero de cuarto. Acostumbrados a su estado no se percatan del daño que les infligen a ellos y a los que les rodean. El cuerpo se acomoda a casi cualquier situación. Tenemos la capacidad para el acomodo. ¿Por qué no con la felicidad? Por qué no acostumbrarnos a la paz, a la sonrisa, a esperar con paciencia días mejores trabajando hacia esos objetivos? Si nos acostumbramos a lo negativo así actuaremos y ocurre lo contrario. No hay que esperar la transformación del cuerpo con la llegada de Cristo. La vida en abundancia puede empezar ahora.

¿Qué hacer?

1. Siempre piense de forma positiva.
2. Acostúmbrese a pensar de esta forma.
3. Tenga en cuenta que la vida en abundancia comienza desde ahora.

VIVIR SIN TEMOR

Hay una frase en la historia bíblica de Job que llama la atención. Es cuando teme que toda su felicidad, familia y su estupenda condición económica se vengan abajo. Vivía obsesionado con esta idea. Y entonces le ocurrió. Es el ejemplo clásico del hombre "feliz" pero con la expectativa de que puede perder lo que tiene. Si atendemos minuciosamente lo que Jesús dijo sobre el valor efímero de las cosas materiales y le concedemos mayor valor a lo espiritual, la pérdida material no resulta tan dolorosa. Muchos de nosotros vivimos con el temor a los ciclones, a terremotos, bacterias o enfermedades. Vivimos con temor a que nos desfalquen, o nos asalten o que alguien nos saque de las casillas.

El miedo es el denominador común de la familia humana. Hay países que tienen el poder nuclear de borrarnos del planeta y que bien usados los recursos, podríamos acabar con la miseria y aliviar el dolor y el sufrimiento. Pero la codicia y la avaricia de algunos impiden que esto se logre. Es preciso entonces, para no ceder a la depresión o al odio, sacudir la alienación y comenzar el anuncio de la buena noticia de que aunque no podemos cambiar al mundo sí podemos cambiar nuestra visión del mismo. Hay que desechar la idea de que odiando a los malos logramos superar nuestros miedos. La indignación no es lo mismo que el odio.

El apóstol Juan nos habla de que el amor echa fuera el temor, pero el amor a qué o a quién? Yo digo: el amor a Dios, a la esperanza, a la buena noticia del evangelio. Con nuestra actitud positiva obtenemos las energías necesarias para ser felices en un mundo que parece no serlo. El ejemplo del buen samaritano que vimos no se dedicó a perseguir a los que hirieron a la persona en el suelo. Lo que hizo fue procurar el alivio del dolor del herido y comprometerse a su cuidado.

El miedo puede superarse con la acción. Mientras unos rompen los moldes de la decencia, otros, los que vivimos la buena noticia, nos encargamos de reparar el daño que ellos ocasionan.

Los "amigos" de Job eran expertos en la crítica y con sus palabras, en vez de consolar, ocasionaron un terrible daño. Nosotros consolamos con el evangelio a los deprimidos y actuamos como el samaritano dando de lo que tenemos. La felicidad debe ser compartida o no es verdadera felicidad.

La cuestión es la siguiente: debemos esperar lo mejor para que como alega Coelho "el universo conspire a nuestro favor". Espera siempre lo mejor. Creer y actuar van de la mano. La tranquilidad de espíritu garantiza el éxito. Recuerde esto: la mente influye sobre el cuerpo como el cuerpo sobre la mente. Créalo, convénzase y ejecute. La vida es muy corta para malgastarla con disgustos, rabietas y sentimientos de ira o frustración.

Buscar la manera de disfrutar la vida de manera sana y desbordante debe ser nuestra meta y objetivo. Es lo que Cristo llama abundante. Si Job hubiera hecho caso a sus amigos, los sentimientos de culpabilidad y depresión hubieran prevalecido. Pero se aferró a la fe en la justicia divina. Las circunstancias de nuestra vida no siempre son las mejores, pero nuestra actitud frente a estas puede hacer la diferencia.

LA NUEVA CANCIÓN

Cuando Israel pueblo escapa de las manos de Faraón se encuentra atrapado entre el mar y el ejército egipcio. Dios divide las aguas y los israelitas atraviesan el mar en seco. Entonces entonan una canción de victoria (Éxodo 15:1). La exhortación constante es a cantar (1 Crónicas 16:9, 16:23-24). Los salmos son canciones de Dios. Se pide que el cántico sea con inteligencia (47:7).

Israel era un pueblo de cánticos y alabanzas. Cantar despeja la mente, sacude los pensamientos negativos y nos acerca a Dios. Él quiere un pueblo sano, vigoroso y vivo. Cantar produce un estado de ánimo propicio y positivo que es consecuente con la felicidad. No hay que estar alegre para cantar porque cantar produce alegría. El apóstol Pablo cantaba mientras estuvo en la cárcel (Hechos 16:25). El resultado fue su liberación. Y es precisamente lo que necesitamos, liberarnos de la cárcel de la ansiedad y la angustia que nos arrebatan la felicidad y el gozo. La canción para Israel no era algo accesorio: era un mandamiento. Interesante lo que dice el profeta Isaías al respecto:

Jehová me salvará, por tanto cantaremos nuestros cánticos, en la casa de Jehová todos los días de nuestra vida (Isaías 38:20).

Cantar con entendimiento. Hay canciones rompe corazones que en vez de ayudar perjudican. Gentes despechadas y alcohólicas, angustiadas y depresivas buscan canciones que apelan a su situación, produciendo más angustia, lo que los conduce a un círculo vicioso. El objeto de nuestra canción debe ser la gloria de Dios. En Éxodo 15:1 el escritor alega que Dios es su fortaleza y su cántico. Dios no es sólo el objeto de la canción sino que es la canción misma. Los llamados profetas bíblicos hablan de un "cántico nuevo" lo que nos hace pensar en Jesucristo. La buena noticia del evangelio es la nueva canción (salmos 33:3). Lo confirma el libro de la Revelación en 5:9:

Y cantaban un cántico nuevo, diciendo: Digno eres de tomar el libro y de abrir sus sellos.

Como se nota, el tema del cántico del grupo es la obra de redención de Jesucristo. Nada nos hace más felices, libres y responsables. Si el gran problema del hombre actual es la desesperación entonces la respuesta al dilema es la esperanza que trae consigo la buena noticia. Ésta abarca el problema humano desde cualquier ángulo. El amor de Dios basta para llenarlo todo y ese amor se ha demostrado con la gestión histórica salvífica del Hijo.

Las personas incrédulas fijan sus ojos en los llamados cristianos. Si ven gente derrotada, afligida y amilanada pensaran que no vale la pena conocer el misterio de la fe. La epístola del gran apóstol san Pablo a Filemón me parece un monumento a la nueva canción que proclama la libertad, la dignidad, el respeto y la integridad combatiendo el prejuicio y la desigualdad que tanto daño hacen a la consecución de la felicidad y la paz.

Pablo ruega a Filemón que trate a Onésimo como si fuera Él mismo. Este último era un fugitivo esclavo que había escapado de su dueño y por eso andaba por la libre hasta que el apóstol le habla de la nueva canción. La carta a Filemón es una reminiscencia del buen samaritano, del hijo pródigo o del hombre que David premió sin merecerlo. Esta epístola es una muestra de lo que el evangelio puede hacer con una vida. Del monstruo que era el apóstol, perseguidor implacable de los cristianos, a un defensor devoto de la buena noticia. Y Onésimo, de esclavo pasa a ser otro hermano con los mismos privilegios del libre. Aquí se muestran los rasgos exquisitos que son prueba innegable de una conversión real: humanidad, sensibilidad, amor y fraternidad.

Onésimo vio en el evangelio el salvoconducto hacia su doble libertad: secular y espiritual, y a su felicidad, y paz interna. De la carta extraemos algunos principios básicos del triunfo:

1. Ante Dios todos somos iguales.
2. Onésimo no es ya un esclavo sino un hijo y hermano amado.
3. La humanidad se recobra.
4. La misericordia vence sobre el juicio (por encima de la ley y del juicio).
5. El evangelio como instrumento reparador de las injusticias sociales.

Onésimo puede cantar una nueva canción: la del perdón, la igualdad como un hecho verídico, la de la paz con los hombres. La nueva canción lleva como contenido la buena noticia. Para convencer a otros de que Cristo es la alternativa debemos procurar que lo que ofrecemos es algo distinto. La canción es la nueva relación con Dios sin las imposiciones y arbitrariedades de la ley. Es la transformación del entendimiento y el reino de las leyes en el corazón. No existe una renovación verdadera sin apelación al evangelio.

¿Qué hacer?

1. Interprete canciones lo más que pueda.
2. Cambie su lenguaje para que cambien sus pensamientos.
3 Disfrute y practique alguna forma de instrumento musical.
4. Deje a un lado los pensamientos negativos y cante.

LA BUENA NOTICIA
NO ES UN MITO

Los mecanismos psicológicos pueden ayudar a transformar la conducta de un individuo, eso es cierto, pero no pueden penetrar el alma ni darnos esperanza para la otra vida, lo que pienso que es la mayor preocupación de todo ser humano. La voluntad juega un papel importante en las decisiones de cada día, pero en el caso del creyente las decisiones van ligadas a la de Dios. Los ateos o inconversos en ocasiones pueden ser hasta más altruistas que los cristianos pero nada pueden saber sobre el destino eterno porque no creen que exista tal destino. Es interesante la cantidad de libros escritos sobre el pensamiento positivo y el modo en que estos inciden sobre nuestra conducta. Los "profetas" del pensamiento tenaz se enriquecen vendiendo sus ideas y teorías sobre la conducta humana y esto pasa porque a la gente le gusta escuchar estas cosas. La mayoría se interesa por el aquí y ahora lo que nos malo. El aquí y el ahora son los íconos de las nuevas teorías psicológicas.

La ventaja del que acepta la buena noticia es que considera el presente como importante para la felicidad pero también la promesa del futuro después de la muerte. El pasado queda atrás, los abusos, las burlas de que fuimos objeto. No más excusas para no ser feliz. La frase gastada de que soy así porque me maltrataron debe quedar superada. Esto lo enseñan las terapias modernas de psicología. Y es correcto. Pero el ser humano trasciende el presente. El ser humano es de por sí un futuro. La fe en la obra de Jesucristo nos proporciona ambos lados de la moneda. Desecha el pasado y transforma el presente de cara al futuro. El evangelio proclama que la vida no termina con la muerte. La muerte no es algo que elegimos voluntariamente a menos que decida terminarla. Pensar que andamos con Dios y que vamos hacia él nos brinda la oportunidad de afrontar las múltiples interrogantes que nos presenta.

Cristo se nos muestra como el verdadero descanso. Por eso proclama a voz en cuello: "venid a mí los que estáis cargados y cansados que yo os haré descansar" (Mateo 11:28-30). Ir a él, con la fe de que su brazo amoroso nos llena de fuerza y energía es suficiente para alejar el malestar que nos causa el devenir de cada día. Ese malestar con el que a veces nos acostamos y con el que nos levantamos, que mina nuestras fuerzas y que no en pocas ocasiones degenera en úlceras, en insomnio y otras enfermedades crónicas que nos roban el bienestar y la felicidad.

Cristo nos invita a tomar la cruz y seguirle. Lo que esto significa es que debemos asumir nuestra responsabilidad en el mundo compartiendo nuestro destino con los crucificados de la tierra. La cruz no es únicamente sinónimo de dolor sino de victoria, de gozo y de satisfacción por haber alcanzado un propósito en la vida. El mundo ya no lo percibimos como un lugar de desolación y maldad sino como un laboratorio de esperanza, como un hospital de enfermos en donde los que amamos a Jesús somos el canal que Dios usa para traer el remedio.

El amor de Cristo y de los cristianos se alza como una bandera de conquista en medio de una tierra que promete leche y miel.

¿Qué hacer?

1. Confiar en la Palabra de Dios y en sus promesas
2. Procurar el descanso que nos promete la buena noticia
3. Ser conscientes de que lo que Dios promete es permanente
4. Conocer que compartir la cruz es compartir la esperanza

MERECEMOS LA FELICIDAD

Haber nacido ya es suficiente razón para merecerla puesto que no fuimos invitados a venir. Dios nos ofrece con el evangelio la oportunidad de comenzar una nueva vida, partiendo de una visión clara de lo que significa existir. No hablamos de la vida eterna que es un don exclusivo de Dios y que solamente creyendo obtenemos. Hablamos del presente con todas sus altas y sus bajas, con sus cadenas y candados, sus maravillas y atrocidades. El apóstol Pablo nos muestra un camino excelente para alcanzar la felicidad y ese no es otro que haciendo uso del don más preciado de todos: el amor.

Es un don gratuito del que todos gozamos, pobres o ricos, normales o defectuosos. Es el lenguaje universal de la comunicación, el fundamento de esta vida y la otra. Pero no necesitamos que Cristo aparezca en las nubes para disfrutarlo. Podemos comenzar a amar desde ahora. La razón por la cual es tan difícil definirlo es porque lo abarca todo: principio (fundamento), sentimiento, lenguaje, universal y particular. Por eso "nunca deja de ser". Todo cuanto existe es perecedero pero siempre amaremos, en esta vida y en la otra. Aunque ya lo hemos dicho es preciso repetirlo: amar es comunicarse. Cuando hacemos un bien a alguien por ejemplo, eso no es amar, pero si logramos que esa persona me mire con agradecimiento, con solidaridad y respeto hemos logrado comunicarnos.

La vida del representado en Cristo se convierte en un estandarte de luz que lleva por dondequiera el lenguaje del cielo. Si tal circunstancia no se da, ese representado no es legítimo. Es con horror lo que percibo cuando leo que en defensa del evangelio se suscitan peleas, encontronazos y hasta muertes. He presenciado cómo la ambición por los puestos en las iglesias suscita discusiones estériles, disgustos y enojos entre hermanos.

Otros buscan el lucro personal en perjuicio de los fieles, gozando de privilegios que la mayoría no tiene. Pastores, cantantes, y evangelistas, deseosos de obtener beneficios económicos de los preciados talentos que Dios les otorga para servir. Puedo decir que amor y evangelio son sinónimos. El evangelio es comunicación del amor de Dios y apertura hacia la gran posibilidad del triunfo sobre la muerte.

El anhelo por la felicidad no tiene que seguir como una utopía. Las novelas que hemos citado, de los grandes escritores, lo miran de este modo. Hay un deseo del ser humano por encontrar un mundo humanizado, limpio, sin las rémoras de la maldad y el prejuicio. La "utopía" de Shangri la presupone el encuentro con este anhelo. La fe hace el milagro de la encarnación de una realidad que trasciende los sentidos haciéndola posible. Cristo es esa realidad y millones de personas, a través de la historia, lo han experimentado.

Esto significa que la felicidad no es una niebla ni un horizonte en la lejanía. No es el "sentimiento trágico" del que habla Unamuno. La vida, nuestra vida, no tiene por qué ser algo trágico. El pesimismo no es saludable y resuelve poco. Tampoco debemos caer en la ilusión del filósofo Leibniz de que este es "el mejor de los mundos posibles". Ciertamente no lo es. Pero la negatividad y el pesimismo no son la alternativa para mejorarlo. Somos como somos y así Dios nos acepta. La lucha constante por anunciar el reino de Dios nos ofrece un horizonte positivo para disfrutar la felicidad, porque aunque no alcancemos a la totalidad de la humanidad, es posible llegar al hombre, a un hombre, a esa oveja que se ha apartado del rebaño y que sin embargo tiene la posibilidad de volver.

La fe de por sí no mueve montañas. La fe lo que mueve son las "manos" de Dios. Y esa fe se origina en la mente. La mente es un mundo y el cerebro la creación más compleja del cuerpo precisamente porque estamos hechos a su imagen. Es aquí donde -es preciso recordarlo-se dan las batallas más duras y decisivas. La felicidad es paz interior y se produce en las neuronas del cerebro. Allí es donde Dios se comunica haciéndose presente.

¿Qué hacer?

1. Crea que la felicidad es para usted porque la merece
2. Deseche toda negatividad y contemple la vida como el lugar donde merece vivir.
3. Nunca piense que la felicidad es una utopía, porque es algo que puede alcanzarse

AYUDE A SU DESTINO

Cuando decidí emprender mi primera maestría, consulté a uno de mis profesores de bachillerato quien con mirada escudriñadora, me lanzó estas sorprendentes palabras: ayude su destino. Tiempo atrás había terminado mi bachillerato en pedagogía y era natural que el maestro no se acordara de mí, así que le ofrecí detalles sobre el particular. Pero nunca perdí sus palabras que ahora remito a las generaciones presentes. Las buenas cosas ni caen del cielo ni los milagros ocurren con frecuencia.

Hay que hacer algo, cambiar el destino, o mejor aún, ayudarlo. No parece importante, pero ciertamente lo es. Dejarse conducir por las fuerzas ciegas del destino así porque sí, es como dejarse arrastrar por el viento. Ni los defectos físicos, ni los prejuicios, ni nada nos puede impedir ayudar el futuro.

El destino no es, como se cree, una fuerza absoluta, omnipotente, que somos incapaces de cambiar. Dios nos ha facultado con herramientas y virtudes que pueden oponerse a eso que llamamos fatalidad. Ningún destino está escrito en piedra. Me parece curioso aunque no sorprendente que en el libro del Apocalipsis específicamente en el capítulo 5 aparece Cristo con un libro en la mano que él puede descifrar. Un libro no es una piedra. El libro descifra el destino de la humanidad. ¡Lo vemos en sus manos!

Querámoslo o no Dios tiene en su haber nuestro futuro. Brillante para los creyentes y oscuro para quienes han decidido buscar su felicidad aparte de Él. Ese futuro no empieza en el más allá, ese futuro comienza desde ahora. La felicidad es posible porque Dios ha puesto las potencias del universo a nuestra disposición.

El destino ciego existe si no hacemos nada por cambiarlo. Es una fuerza ciega cuya finalidad es el caos y la anarquía. Nosotros lo construimos o lo ayudamos, haciendo algo. Y si ese "algo" cuenta con el aval divino mucho mejor. La cuestión a debatirse es la siguiente: Si usted desea llamarlo destino a las cosas que le suceden o le han pasado no tengo objeción. Pero si piensa que esas cosas eran o son inevitables entonces no estoy de acuerdo. Es posible cambiarlas.

Pongamos como ejemplo el matrimonio. El amor a primera vista suele ser romántico pero peligroso. Unirse a otra persona sin tener en cuenta ciertas consideraciones espirituales y psicológicas no es racional. La mayor parte de las veces prevalecen las emociones. Y las emociones no suelen durar mucho. Son variables. En fin, debemos tener en cuenta factores como los siguientes:

1. ¿Cree esa persona como usted?
2. Quiere esa persona seguirle en las buenas y en las no tan buenas?
3. ¿Es una persona positiva, optimista y alegre?
4. ¿Está dispuesto o dispuesta a seguirle a pesar de la situación económica?

Soy testigo de personas que tomaron malas decisiones, llevadas por el impulso sexual y el divorcio fue el resultado. Los divorcios en ocasiones son inevitables, pero pudieron haberse superado con un poco de sentido común. Las personas no somos totalmente emocionales, igual somos racionales. La razón debe ocupar un lugar de primera en la decisión de compartir la vida con un compañero o compañera. Por eso insistimos, es necesaria la dirección divina.

Un familiar alegaba que " Dios no se mete en los asuntos matrimoniales" y se unió a una pareja que lo abandonó apenas se enfermó. Lo cierto es que su pareja andaba tras sus pertenencias. Dios debe estar en todos nuestros asuntos porque él conoce los corazones y las intenciones del mismo. El amor debe prevalecer a la hora de tomar decisiones futuras con una pareja. Muchos fracasan por la obstinación de los cónyuges de no abrirse a la comunicación por orgullo o por egoísmo. Escoger una pareja puede ser enormemente satisfactorio o por lo contrario, convertirse en un infierno.

Ayudar al destino en este caso sencillamente es racionalizar si me conviene tomando en cuenta las razones expuestas. Porque merecemos la felicidad analizamos aquellas decisiones que pueden inducirnos a estados de ansiedad, de inquietud o de tristeza y la manera de evitarlas. Tomar decisiones a la ligera facilita el fracaso.

¿Qué hacer?

1. Convénzase de que el destino puede vencerse
2. Las decisiones racionales pueden garantizarnos un futuro feliz
3. Use más la razón y menos el sentimiento a la hora de elegir pareja

HIPOTECANDO EL FUTURO

No creo que la frase me la haya inventado. Sin embargo describe a la perfección lo que sucede cuando las personas, buscando gratificaciones presentes, suelen quedar atrapados en dificultades de salud, financieras o legales futuras. Algunos miembros de mi familia son adictos a la coca cola y hasta amigos de la fe se dejan llevar por el exquisito sabor de la bebida. No conozco a ninguno que no padezca de algo, de los huesos, de artritis, fibromialgia, dolores en las coyunturas o de otras condiciones. Dejándose llevar por el placer presente, comprometen la salud y el bienestar futuro.

Apenas escribo esto me confesó una amiga de la familia que no puede dejar de ingerir al menos dos latas de coca cola por día aunque con esfuerzo ha ido reduciendo su consumo, ya que meses antes ingería un litro completo. Otro familiar, pensando que era gracioso para mí escucharlo, afirmaba que el día de su muerte le lanzaran un "padrino" a su tumba. Padece de diabetes crónica y se ha visto expuesta a la muerte unas cuantas veces. Pero no deja la soda. Otra persona, adicto a la cerveza, ha tenido problemas con su estómago y aunque no sé hasta qué punto haya una relación con su tiroides, el caso es que ésta se hizo cancerosa y hubo que extirparla.

Algunos hermanos de mi congregación asistíamos a una mujer adicta a la comida que llegó a padecer obesidad mórbida. Desde entonces ya no podía levantarse de la cama. Su placer por la comida en el presente terminó trágicamente con su futuro. Hace poco que falleció. Pero las adicciones a la comida y a las drogas no son las únicas que hipotecan el futuro. Mi directora cuando era consejero en una escuela pública, era adicta al trabajo. Su carácter era irritable y perfeccionista. Murió de cáncer en los senos sin poder disfrutar su retiro.

Todos son ejemplos reales, nada es inventado. Un amigo de la infancia padecía de una depresión crónica. A veces no nos veíamos por años y cuando volvía a encontrarlo ¿adivinen qué?, seguía con los mismos problemas y dificultades. No lograba superarse. Murió prematuramente a causa de una lesión estomacal. Apenas contaba con treinta años. Pero hay personas que no aprenden. Continúan hipotecando el futuro en aras de un presente ilusorio. Siento pena por algunos jóvenes de hoy. Eligen asistir a fiestas donde se consume alcohol y drogas y se practica el sexo libre e irresponsable. El resultado son niñas embarazadas, dejando la escuela y sus aspiraciones futuras para cuidar a sus hijos. El placer de un momento arruinó gran parte de su futuro. Son muchas las familias con estos problemas.

Las decisiones de hoy deciden el presente del mañana. La buena noticia del evangelio nos cuida de todo esto. Es verdad que no tengo que ser religioso para ser "exitoso", en el sentido secular del término, pero el cuidado divino va garantizado cuando dejamos que Cristo nos proteja. Tengo dos hijas que han pasado por las mismas dificultades frecuentes de los adolescentes, pero créanme, las enseñanzas bíblicas han prevalecido sobre sus problemas y hoy día son mujeres respetuosas y sanas con un sentido pleno de lo que es la vida espiritual. El evangelio no es teoría, es práctico y funciona. La educación cristiana funciona. No hablo de la educación motivada por el fanatismo religioso de algunas sectas que le roban al niño o al joven el placer de disfrutar las cosas que Dios creó. Sectas que prohíben alimentos, guardar días, abstenerse de alimentos, y celebrar liturgias sin sentido. Podemos ser libres sin libertinaje. Podemos gozar de las cosas hermosas de la vida sin que sufran nuestros principios éticos y morales. Esa es una buena noticia.

La vida es para disfrutarla y a veces las restricciones inventadas por las religiones pueden hacer que nuestros jóvenes odien los conceptos religiosos por considerarlos áridos y fuera de moda. Sin duda que hay mucho de verdad en estas afirmaciones y debemos considerarlas con cuidado en la crianza. Hablamos del futuro de nuestros hijos.

El mundo vive calamidades y es por eso que sobreabunda el pesimismo y el escepticismo. Pero otra vez con la buena noticia del evangelio es posible superar este estado de cosas.

¿Qué hacer?

1. No tome decisiones precipitadas en el presente
2. Escuche consejos pero analícelos
3. Tomar el consejo de san Pablo: examinadlo todo y retener lo bueno.

VIVIENDO CON LA BUENA NOTICIA

Los consejos de autoayuda siguen ajustados al patrón bíblico del evangelio que anuncia la Escritura. La Biblia no es un libro que deba seguirse al pie de la letra. Quizás suene algo extraño viniendo de mí- que he sido pastor y conferenciante en las iglesias y ahora en las redes sociales-pero hay que aclarar que mucho de lo que se dice en la Biblia se escribió para un pueblo específico: Israel. No podemos asumir que la visión del mundo de este pueblo deba ser la nuestra y menos sin considerar los miles de años que nos separan de la historia que se narra, principalmente en el Antiguo Testamento.

Sin embargo, la obra de Dios en Cristo es universal y pertenece a todos los tiempos. Principios como el amor, la misericordia y la justicia son temas que nunca caducan y es desde esta óptica que contemplamos el escenario que Dios propone para nuestras vidas.

La vida, como el evangelio, es un regalo. Desperdiciar el momento con sufrimientos autos infligidos es una necedad. Lamentaciones, lloriqueos, complejos de inferioridad y ansiedad descontrolada convierten el momento en un infierno. Nuestra tesis es la siguiente: Podemos, en gran medida librarnos de estas patologías, no permitiendo que crezcan en nuestra mente como mala yerba. Hay que cortarlas de raíz. Merecemos la felicidad desde que nacemos porque nadie, absolutamente nadie nos pidió venir al mundo. Todavía en el presente existen esclavos, gente derrotada y triste a causa de la ambición personal de unos pocos, que se adueñan de las riquezas del planeta, sin considerar a los demás. Esto hay que denunciarlo y combatirlo.

Podemos abogar por mejores leyes con medios pacíficos. La felicidad es una meta personal, un arte que podemos conquistar apelando a lo bueno que existe convenciendo a nuestro cerebro de que la merecemos. Ninguna cosa es de tanto valor que merezca nuestras lágrimas. Quizás una esposa buena o hijos queridos, pero la pérdida de ellos no justifican la locura de la depresión o el suicidio. Nacemos solos y moriremos de igual modo.

La buena nueva no es para encerrarse en un monasterio, ni esconderse en un agujero como el avestruz. Tampoco castigando el cuerpo con ayunos prolongados o flagelaciones. La descripción que he encontrado sobre la vida que propone el evangelio como la buena noticia se encuentra en la epístola del apóstol san Pablo a los Gálatas en el capítulo 5:22 y 23:

Mas el fruto del Espíritu es amor, gozo, paz, paciencia, bondad, fe, mansedumbre, templanza, contra tales cosas no hay ley.

¿Quién puede negar que esta sea la definición más real de la felicidad? Al acercarnos a Dios tales son las sensaciones que experimentamos: amor hacia nuestra familia, a los vecinos, y amor a lo que nos rodea. El gozo de vivir, de escuchar, de ver, de sentir. De poder levantarnos y contemplar la puesta del sol, de escuchar el gorjeo de los pájaros, de oler la yerba y las hojas. La música del viento y la lluvia cayendo. Ni siquiera la pobreza material es un impedimento para disfrutar los placeres de la naturaleza. Aún en medio de la desolación de ver partir a un ser querido, la paz de Dios nos invade porque tenemos la bendita esperanza de la resurrección.

Al estar en paz con Dios lo estamos con nosotros mismos. La fe nos mantiene en el camino de la mansedumbre y la templanza. No tiene que ser una utopía, porque se puede. El mundo religioso y la misma literatura nos han convencido de que tal felicidad no es real. Pero lo es. La felicidad está a nuestro alcance porque no depende, como hemos repetido, de circunstancias externas. La vida evangélica tiene sentido porque no termina con la muerte. Es una visión holística, es decir, completa. El reino de Dios se describe en términos de búsqueda. Parábolas como la perla escondida, la dracma perdida, el tesoro escondido, la oveja perdida. Diferente a la literatura convencional, todas las parábolas terminan con un encuentro. La perla se encuentra, la dracma es hallada, el tesoro es encontrado y comprado el terreno y la oveja es llevada al redil. Se trata de un presente que se encuentra aquí y ahora.

Cristo no es solo un redentor, sino también el que nos ofrece la esencia de lo que es vivir. ¿Por qué no pensar que el mismo que me liberó del pecado con el pago de su vida, es el mismo que me persuade a vivir aquí y ahora una vida plena de gozo y paz? ¿Por qué ver la cruz como un signo de sufrimiento cuando puedo verla como un lugar de encuentro con la familia de Dios? ¡Es verdad que estamos unidos por un mismo destino, el del sufrimiento, pero no es menos cierto que además nos une la esperanza y el gozo de un encuentro definitivo con el Dios del cielo!

La exhortación a llevar la cruz no es necesariamente un mandato a llevar el sufrimiento, es por cierto un mandato a compartir la esperanza y la paz. Merecemos ser felices aunque sea en medio de la tempestad. El dolor de todos puede llegar a ser el consuelo de muchos. Eso es el evangelio: ver las cosas de manera distinta a como las percibe el mundo. Contemplarlas con los ojos del Resucitado, es decir de una persona viva. Sin amarguras, sin ataduras, sin el oscuro color de la desesperación. Estamos en el mundo para repartir esperanza y en la medida que lo hacemos, nos reparamos nosotros.

¿Qué hacer?

1. Nunca ceda a la tentación del pesimismo
2. Deje atrás las expresiones de amargura
3. Convénzase a sí mismo de que todo tiene remedio
4. Convénzase de que la vida vale la pena disfrutarse

LA VOLUNTAD DE HACER ALGO

Aunque ya he tratado el tema antes, es de tal importancia que requiere insistir en ello. Muchos filósofos aluden a ese enorme poder concentrado en nuestra naturaleza que llamamos voluntad. La voluntad se relaciona con la insistencia, la perseverancia, la concentración. Detenerse, inmovilizarse es morir. Mi suegro tuvo un daño cerebral que paralizó temporalmente su cuerpo. Luego de un tratamiento intensivo recuperó algo de su energía y su voz se quebrantó de tal modo que era difícil entenderlo porque sus cuerdas vocales se afectaron. Lo llevamos a terapias intensivas para que volviera a caminar. Al principio estaba entusiasmado y hubo progresos. Pero después de varias caídas infructuosas decidió rendirse, no quiso caminar más y acabó en una silla de ruedas. Estuvo mucho tiempo en esa silla pero apenas podía moverse para llegar a la cama. Había que usar una grúa para trasladarlo de la silla a la cama. Poco a poco se fue deteriorando hasta que sus músculos ya no recuperaron su vigor. Hasta las necesidades básicas había que brindarle.

De ahí a un hogar de asistencia hubo un paso. Ya no quiso levantarse de la cama. El punto es éste: tenía buenas probabilidades de recuperarse mediante las terapias y no lo hizo. Se fue su independencia, se terminaron sus propias decisiones, y ya no pudo ni manejar su auto. Le faltó la voluntad necesaria para recuperarse. La voluntad es un poder que Dios nos ha dado para resistir las pruebas y las tentaciones. El presupuesto del triunfo es la lucha, la perseverancia, la insistencia. Hacer algo por nosotros mismos. Cristo decía que el reino de Dios lo obtenían los valientes. Lo voy a repetir mil veces, no se conforme con su condición: haga algo.

El hermano de mi suegro optó por copiar su conducta. Cuando lo fuimos a ver estaba sentado en una silla de ruedas "descansando".

Según nos dijo, se sentía mejor en la silla que caminando y ¡podía hacerlo! Él caminaba pero decidió quedarse como un inútil en su silla. Unos años más tarde recibimos la triste noticia de su muerte. Se había rendido por comodidad. Le faltaba voluntad para resistir la tentación de quedarse en el confort. La búsqueda de un trabajo, de una novia o un novio, un viaje, todo requiere esfuerzo y voluntad. Mi hermano es mayor que yo y desde temprana edad sufrió de un cáncer en uno de los riñones. El cáncer había forrado literalmente su pulmón izquierdo pero él no se dio por vencido. Rechazó las quimioterapias y decidió tratarse con la medicina natural. Hace ejercicios todos los días y siente una gran pasión por servirle a Dios. Lleva muchos años a salvo de su condición. Logró vencer el cáncer gracias a Dios, pero su voluntad de vida jugó un gran papel en la recuperación de su salud. Por favor, haga algo. Mi hija menor es un ejemplo de perseverancia y entusiasmo. Su positivismo es contagioso. Se rodea de personas triunfadoras, escucha las motivaciones de grandes predicadores, y este entusiasmo por la vida se lo comunica a sus hijos, mis nietos y créame son niños felices, llenos de vida y sobre todo, sanos.

Con mucha voluntad y entusiasmo se graduó de terapista del habla y hoy día ayuda a los niños con dificultades de este tipo. Le encanta su trabajo. Su confianza en Dios es innegable y gracias a él no le falta nada. Haga algo. No se tire en un rincón a llorar, lamentarse y comer helados. Las depresiones son el arma del diablo para destruir almas. Considere esta narración: Cuentan de un balde que tomaba agua de un pozo y siempre estaba triste porque pensaba: me voy lleno y vengo vacío. Su compañero de trabajo lo miraba con cierto sarcasmo y refutaba sus palabras con éstas: vengo vacío y me voy lleno. Misma situación, diferente actitud.

El entusiasmo es una virtud que se desarrolla. Viene de la confianza en Dios y de uno mismo. El entusiasmo viene con los logros, pero no hay logros si no lo intenta. Nunca voy a cansarme de repetirlo: haga algo. Nuestras vidas suelen basarse en frustraciones y más para aquellos que hemos nacido con ciertos impedimentos, pero estancarse por eso es una necedad. Descubrir el sentido de nuestra existencia puede ser la clave para llenarse de entusiasmo. Recuerde que la palabra entusiasmo significa "estar lleno de Dios".

En mi niñez disfrutaba de la lectura de un personaje de la caricatura llamado Ziggy. Ziggy era un enanito con la cabeza hundida y sin cuello, siempre triste y con una amargura evidente. Aparentemente las cosas le salían mal y parece que por la misma razón atraía el mal. En aquella época yo me reía de las ocurrencias del escritor. Hoy siento pena por aquel personaje que caricaturiza la mentalidad de mucha gente en el mundo. El pensamiento fatalista de Ziggy era el siguiente: si soy pesimista, cuando algo malo me ocurra, no dolerá tanto como si hubiera esperado algo bueno. Parece un pensamiento lógico, pero no tiene nada de sensato. Uno atrae el mal con el pensamiento, con lo que uno confiesa, con lo que uno practica. Lo mismo ocurre cuando usamos las armas del pensamiento para el bien y el optimismo.

Una de las ocasiones que recuerdo del personaje Ziggy me pareció sumamente cómico, aunque realmente era trágico. Ziggy se encontraba en los alrededores de un estadio de pelota. Entonces alguien pegó un jonrón y todo el mundo se preguntaba a dónde fue a parar la pelota. ¿Adivinen qué? Ziggy yacía desmayado en la yerba con un enorme chichón en la cabeza. La bola fue a dar justamente en su cabeza.

Otro personaje interesante de mi niñez fue uno llamado don Juan Calamidad. El tipo estaba convencido de que su presencia atraía la mala suerte. Por donde quiera que iba sucedían cosas malas como accidentes, perturbaciones y molestias. La gente se alejaba. Aunque eran caricaturas, revelaban una verdad básica: lo que uno cree en la mente tiende a concretizarse, es decir a volverse realidad. Si la Biblia dice que Jesús nos ha convertido en reyes y sacerdotes, pues créalo y actúe como tal. Sin embargo, un rey y sacerdote al estilo de Cristo no tiene las características propias de uno mundano. Pedro habla del rey que sirve y no el que es servido. Servir en este caso es interceder.

Perturbarse por las cosas que pasan en el mundo tampoco es una sabia decisión. Mi especialidad eran las noticias de radio, televisión y periódicos. Asimilaba las noticias y me deprimía. Pensaba que de algún modo podía contribuir a mejorar el mundo. Mi esposa me convenció de lo inútil de entristecerse por situaciones que no estaban a mi alcance resolver. Puedo cambiarme yo. Puedo mejorar al mundo, mejorando yo. El simpático personaje de Mafalda era uno de mis favoritos porque decía grandes verdades con un tono humorístico. Al criticar el modelo democrático de las naciones que se autodenominan así, Quino, el autor de Mafalda, la puso a reírse en la mañana, mientras desayunaba, en el almuerzo, en la cena, al bañarse y todavía al acostarse Mafalda continuaba riendo. Ni una palabra de crítica verbal. Bastó la risa para sugerir que tales modelos en la práctica o no funcionan o funcionan a medias o tal vez la risa de la muñeca sugiere una burla a las pretensiones "democráticas" de estas naciones.

Debido a su tono humorístico, las burlas y el sarcasmo de Mafalda me impresionaron mucho y me hacían sentir impotente ante los males y crímenes del mundo. Esto me hacía sufrir. Es decir, en nada contribuyen a mi paz mental. Hay personas que simplemente se ríen y nada pasa. Pero no era mi caso. Sin embargo cuando me sentí llamado a predicar la buena noticia conseguí la paz que necesitaba. En edad escolar mi padre compró una enciclopedia que ya no existe, la Quillet. Comenzaba con un capítulo llamado Para triunfar en la vida. Nunca olvidé sus principales consejos:

1. Contentarse con pequeños triunfos
2. Mantenerse tranquilo cuando los demás se exaltan
3. No identificar triunfo con ganar dinero
4. Respeto a la opinión contraria

He intentado seguirlos desde temprana edad. Eran los años 60 y me parecen vigentes todavía. Conozco a una persona inteligente que sin embargo, cuando hablamos, abre la boca como si fuera a tragarse a uno. El piensa que abriendo la boca gana la discusión. Tengo un familiar no muy lejano que ha dedicado su vida a ganar dinero. No sé hasta qué punto sea feliz, pero esta persona identifica la felicidad o el triunfo con tener dinero.

La Biblia habla de un hombre que construyó un granero para acumular pertenencias. Luego de que se sintió satisfecho con lo acumulado decidió darse la gran vida disfrutando de su esfuerzo y trabajo. Ese mismo día lo llama la muerte y no pudo disfrutar de nada. Es una gran enseñanza que pocos asimilan. Hay que hacer algo, pero algo que realmente valga la pena.

Conozco a un matrimonio que repartió su herencia a sus hijos en vida y estos gastaron todo y volvieron otra vez a esquilar lo que quedaba de sus padres. Como el hijo pródigo, regresan de nuevo habiendo malgastado la herencia. Todo para sus hijos y poco para ellos. Pues no. A los hijos se les ayuda pero no se les convierte en parásitos. Un amigo cercano sigue tan ligado a sus padres que al casarse, su vínculo con ellos no le permite ser feliz con su mujer. El cordón umbilical al nacer no se ha roto. Esto no le permite volar. Nada de lo que cuento es ficticio. Todo es real. Viven cerca de mi entorno. Algunos me han consultado pero es difícil desembarazarse de lo que por muchos años se ha convertido en un hábito. Pero no es imposible. Se puede. Hay que hacer algo para solucionar el problema.

Hay una frase de Coelho que me gusta: "Morir es quedarse siempre en la misma posición". Si estás muy quieto, no vives. Es decir, hay que moverse en la dirección correcta, en otras palabras "hacer algo." Tengo una poesía de mi autoría que resume mi filosofía de vida. Quizás pueda ayudarte:

Con optimismo

Seguiré amando aunque no me amen
Seguiré soñando
Aunque mi cuerpo se deshoje
Viviré feliz
Aunque la tristeza me invade

Dormiré en la noche
Aunque el día amenace mis motivos
Seré fuerte cuando la debilidad me alcance
Buscaré la paz en la tormenta
Y caminaré en la noche
Aunque la oscuridad se imponga
Porque Dios es mi compañero en el camino.

Nada nos impide ser feliz, nada nos impide pensar de manera positiva

Nada nos puede detener excepto nosotros mismos. Usted tiene talentos, debe descubrirlos, usarlos, regalarlos.

La biblia dice: Todo es vuestro sea Pablo, Apolos o Cefas, sea el mundo, la vida o la muerte, sea lo presente o lo porvenir. Todo es vuestro, y vosotros sois de Cristo y Cristo es de Dios (1Corintios 3:21). Lo que necesitamos es crear una mentalidad de tipo evangélica en armonía con las promesas y las afirmaciones que Dios nos hace. Este versículo citado nos muestra lo que Dios nos ha dado en Cristo, es decir la grandeza de la obra de nuestro Señor para nosotros.

Nada es más importante para Dios que tú y yo. Nada le interesa más que nuestra felicidad. No para el más allá, sino para ahora. Nota que incluye el futuro pero además el presente. La vida eterna y la vida de ahora, todo se ha incluido en el paquete. Es nuestro y debemos aceptarlo, creerlo, tomarlo. Enseguida buscar experimentarlo. Aprovechar el momento, Gozarnos con las encendidas y cuando se apaguen, seguir disfrutando las apagadas. Nada debe perturbar nuestra paz interna, nada. Porque como he dicho anteriormente, nadie merece tus lágrimas, excepto Dios. Como digo en otro poema:

Nada es más importante que tú

Ninguna lágrima vale tus penas
Ninguna

El mundo no las quiere ni merece
Caerán sobre el vacío muchas veces
Martillando el acero y los escombros
Tus heridas abiertas y tus clavos
Que llevas como prendas en las manos
Serán tu pasaporte al universo
El mundo no las quiere ni merece...
Ni una lágrima más, ninguna
El mundo no las quiere ni merece
Sólo Dios las contempla como al oro.

Basta ya de llorar, de sufrir, de lamentos. Es hora de levantarse, de mirar el horizonte, de contemplar la belleza del camino. Cuando uno toma conciencia de que de nada sirven las quejas, menospreciarse uno mismo, deprimirse o lamentarse, las cosas suelen mejorar. Podemos levantar nuestra frente y mirar la vida con una óptica nueva.

El rechazo por algo no debe ser motivo de frustración. Me enteré que la corporación de Blockbuster no quiso comprar Netflix por 50 millones. El sitio en internet MySpace rechazó la oferta de Facebook para fusionarse también por 50 millones. MySpace está desaparecido y Facebook sigue avanzando. El "no" de los demás muchas veces es el "sí" de Dios para tu vida.

NACIDOS PARA EL TRIUNFO

Dios no quiso ver al mundo como lo tenemos. Guerras, enfermedades, crueldad, los homicidios son parte de una condición patológica provocada por lo que la Biblia llama pecado. Sin embargo, el concepto mismo de pecado tiene una connotación religiosa que algunos deciden rechazar. Pues bien, mejor hablemos de su etimología. Podríamos decir que el pecado es hybris o sea rebelión, errar el blanco, violar la ley, y mucho más. La cuestión es ésta: nos hemos rebelado ya sea contra Dios, contra la vida, contra lo bueno, contra la ley natural, contra los principios morales, hemos errado el blanco, y ya es hora de comenzar a vivir vidas de triunfo, saludables y llenas de entusiasmo. Hemos violado la ley de Dios o de la naturaleza pero tenemos espacio para rehabilitarnos remediando lo que hemos arruinado.

La conversión del personaje bíblico llamado Zaqueo llama la atención. Después de escuchar a Jesús, insiste en reparar sus errores dando cuatro veces más de lo que obtuvo de sus ganancias ¡Cuatro veces! Zaqueo comenzó a vivir la vida de un triunfador. La restauración de vidas fue el objetivo de Cristo en la tierra. Nacemos para el triunfo, no para vivir vidas derrotadas. El triunfo es la meta. Pero tenemos que verlo por nosotros mismos. Zaqueo lo descubrió con las "terapias" de Jesús. El gran científico Galileo decía que: Nada puedes enseñarle a un hombre, sólo puedes ayudarle a que lo descubra dentro de sí mismo. Fue lo que hizo Jesús con Zaqueo. Ayudó a descubrir sus errores, su errar el blanco, su violación de la ley de la vida. Ayudó a descubrir sus posibilidades, sus poderes para transformar la vida de un ser incompleto a un ser con deseos de realizarse. Es decir, recobró su manera de ser auténtico.

La Biblia dice que Cristo representante nos llevó hasta el mismo trono del Padre. Quiero insistir en la responsabilidad que eso conlleva. Estamos con el general al frente de la batalla. Hasta que los enemigos de Dios sean vencidos. El tener a Jesús como jefe nos habilita para ser triunfadores desde ya. Las guerras libradas por Israel, comandadas por Jehová, fueron las de mayor éxito. Para que esto ocurra debemos ser responsables. La responsabilidad es la fuente de la buena salud mental. El evangelio nos enseña a hablar con alguien no a alguien. Eso nos hace más humanos. El ser humano se encuentra dividido internamente o usando una frase de la psicología Gestalt vive fragmentado. Tal fragmentación es causada por experiencias negativas de la niñez o por decisiones incorrectas en la etapa adulta. Es imperativo acercarse a la buena noticia porque ella desvela comportamientos inauténticos de nuestro yo. Zaqueo descubrió la verdadera riqueza: compartir, amar, y sobre todo la de la autenticidad.

Se percató de un principio de vida, buscado por cualquier orientación psicológica: la vida no consiste en conseguir más, sino en ser más. Por eso Jesús le dio un nuevo enfoque a la ley promulgada por los fariseos y estudiosos de la ley. El ser humano no es un robot apegado a reglas estrictas o a mandatos esterilizantes. Su famoso estribillo concuerda con su visión del amplio mundo del espíritu: "pero yo os digo". "Oísteis que fue dicho "es la costumbre, la tradición, lo inamovible,contrastado con la de la libertad y la apertura: "pero yo os digo".

Para conocer más de nosotros mismos hagamos una lista de las cosas que percibimos como "defectos" y las que poseo como un triunfante en Cristo:

Tengo miedo del futuro
No me gusto como soy
Dependo de los demás
No me gusta mi sexo
Siempre estoy enojado
No me siento conforme con nada

Me gusta estar solo
Pienso en el suicidio
Mi familia confía en mí
Me gusta el ocio
Conozco mi sentir
Me intereso por los problemas de otros

La lista no es exhaustiva pero nos ayuda a comprender algo de nosotros mismos. Siempre podemos acudir a Dios en oración y mejorar aspectos de nuestra personalidad que necesitan "reparación" para ser triunfadores. Según una orientación de psicología, análisis transaccional, el ser humano sigue fragmentado y muchas veces es incapaz de tomar decisiones de adulto, dejándose llevar por decisiones que hubiera tomado su padre o sin madurez, acoplarse a las decisiones de su yo como niño. Analizada bien, la buena noticia nos convierte en personas adultas, capaces de realizar tareas de adulto la mayor parte de las veces. La Buena Noticia propone una visión holística de la personalidad. Significa que nuestra personalidad alcanza un nivel óptimo de desarrollo, en el cual la etapa de adulto toma la delantera.

Cristo nos enseña lo que es la convivencia, la forma madura de afrontar las crisis:

- No pagar mal por mal
- Perdonar las afrentas
- Comunicarnos con la persona que nos ha hecho daño
- Reparar el daño que hayamos hecho

Como notamos, no se trata de ser perfectos ni nada por el estilo.

Es buscar actuar con madurez.

DETRÁS DE LA FACHADA

En nuestra sociedad nos obligan a tomar posturas que nos degradan como seres humanos pero que las hacemos para complacer a un grupo y no parecer "distintos". Cuando golpearon al muchacho en la liga atlética policiaca la mayoría "gozaba" con el espectáculo. Yo me reía porque los demás lo hacían. Yo fingía una postura falsa para complacer al grupo. Igual conocí ministros de iglesia que actuaban como cuidadores de almas y sin embargo llevaban una doble vida. Uno, mientras la esposa convalecía en un hospital luchando contra el cáncer, el tal ministro enamoraba a una de las mujeres de la congregación. Para no provocar un escándalo que dañara los intereses de la iglesia, el asunto se discutió pero no hubo consecuencias. En mi primer año de universidad a mi hospedaje llegó un pretendido "evangelista" quejándose de que su hermano de la fe, obispo de la iglesia, le enviaba a predicar a las congregaciones pequeñas, mientras escogía las grandes para obtener ingresos mayores del diezmo y las ofrendas. Detrás de la fachada de aquel "predicador" se encontraba un usurero al estilo de Zaqueo antes de la conversión.

Supe de un padre que obligaba a su hijo a "colaborar en la casa" de mala manera, ya que trabajaba y obtenía un ingreso. Siempre sospeché que se trataba de una fuerte tendencia al machismo ya que según testimonio de él mismo, sus compañeros de trabajo lo vacilaban por su pobre dominio sobre el hijo. Pretender que el muchacho colabore con los gastos no está mal. Lo que encontraba mal, a mi juicio, era la forma de pedirlo.

Mi padre siempre me vio como un perdedor ya que no me interesaban mucho los deportes. Se burlaba de mi "poca agilidad" que él confundía con la vagancia. Yo siempre me he inclinado fuertemente a las letras, a la lectura, pero también soy alguien que da fin a lo que empiezo, y si es una tarea que requiere fuerza, tampoco la dejo. Cuando no se comprende el carácter de los hijos podemos maltratarlos aunque esa no sea la intención.

Conozco personas que se autoproclaman amantes de los animales pero que en su fuero interno odian a los seres humanos. Es interesante notar cómo algunas personas se proyectan de una forma y sin embargo son otra y lo más interesante es ver como son incapaces de verse a sí mismos como son en realidad. Ya he hablado del rey David cuando se enamora de una mujer ajena y manda a eliminar al esposo de ésta con el fin de hacerla suya. Cuestionado por el profeta de manera indirecta, David reacciona indignado por lo que otro ha hecho. No había visto la maldad en sí mismo pero la condenaba en los demás.

Jesús proclamaba que uno debía despojarse de la paja en el ojo propio antes de acusar al prójimo. La Buena Noticia nos pone al descubierto. Nos despoja de la máscara para que nos veamos como realmente somos.

Detrás de la fachada fue mi primer libro publicado. Me sentía resentido por las cosas que veía y me pasaban. En ese libro, basado en hechos reales, saqué toda mi ansiedad, pero fue contraproducente porque al igual que la Náusea de Sartre provocaba en los lectores una especie de malestar poco propicio para el crecimiento moral y espiritual. En uno de los cuentos narro la historia de una vecina, muy querida por cierto, que enferma de cáncer visitó a un evangelista de turno que la declaró sana "en el nombre de Jesús". Ella creyó en la declaración y dejó las terapias de quimio. Unos meses más tarde murió víctima de esa enfermedad. Otra historia de la vida real fue la de un ministro que predicaba con mucho fervor en su iglesia, era querido y respetado por su elocuencia y profundidad en las escrituras, pero maltrataba y humillaba a su esposa. Por un lado se proyectaba de manera vertical y por la otra se hundía en un mar de contradicciones.

La incomprensión del mensaje de Jesús no es cosa nueva. La historia está repleta de una falsa concepción del evangelio, desde los primeros tiempos. Y no creo que las cosas mejoren, aunque me tilden de pesimista.

No es fácil practicar la Buena Noticia sin la directa intervención del propio Dios. Pero cuando buscamos con sinceridad y pasión, él responde.

Vivencias

Los sinsabores, calamidades, sorpresas a veces gratas, otras no tan gratas llenan nuestra vida. Nos parece al enamorarnos que escogemos a la pareja ideal para encontrarnos más tarde que esa no era la persona correcta. Las desilusiones y a veces los fracasos nos consternan. El alcohol parece una solución a corto plazo o en el peor de los casos el suicidio. Todo fluye desde la mente. Si aprendemos a controlar nuestros pensamientos, a tomarnos un tiempo para el análisis, podemos llegar a consensos. Retomemos el ejemplo del rey David quien, a pesar de su íntima relación con Dios se presenta tan humano como cualquiera de nosotros. En el salmo 103 David desborda su ansiedad (hoy diríamos su condición neurótica) en una oración contradictoria y llena de altibajos. Bendice a Dios desde lo más profundo de su alma. "Bendecir" equivale en este contexto a reconocer, elogiar o evidenciar que algo o alguien nos ha sido propicio, Dios en este caso. Entonces pasa a examinar su pasado (V.2). Lejos de acantonarse en ese pasado o de angustiarse por las cosas malas que le sucedieron, David busca las cosas positivas que alegraron su corazón:

No olvides ninguno de sus beneficios

En la vida de este hombre Dios ocupa el primer lugar. Sabe que, como todos nosotros, falla una y otra vez:

Él es quien perdona todas tus iniquidades

Y reconoce que Dios es su médico por excelencia. Las depresiones son los "hoyos" de la mente. Hay veces que estos hoyos son tan profundos que ningún psicoterapeuta es capaz de hacer algo por la persona, pero Dios puede:

El que rescata del hoyo tu vida

Las bendiciones para David no son cosas aleatorias ni poco comunes. Todo cuanto tiene de bueno según él proviene de Dios:

El que te corona de favores y misericordias

Aunque escribe en tercera persona se está refiriendo a él mismo. Porque David sabe que Dios es bondadoso con todos los que ponen su confianza en Él.

David es una especie de terapeuta del alma. Sabe que recordando los beneficios o cosas buenas del pasado o sea cambiando el pensamiento la mente, sana. Gente amargada, angustiada envejece prematuramente. Tuve la oportunidad de seguir un caso donde una mujer me confesó que se sentía "de ochenta" cuando apenas tenía cuarenta años. ¡Cuarenta! Esto se debía a sus problemas con el cónyuge. El salmista alega que Dios:

Sacia de bien tu boca, de modo que te rejuvenezcas como el águila.

La afirmación anterior significa que cuando confesamos lo positivo, lo que es bueno y edificante (recordemos Filipenses 4:8, En esto pensad) la felicidad nos transforma desde el rostro hasta los pies. Sobreviene el rejuvenecimiento.

Como buen pensador David conoce la fragilidad humana. Sabe que lo que en realidad importa son los valores, la salud física y espiritual, la familia, el respeto propio y a los demás. Los bienes materiales son secundarios. Parece un cliché, esto de las riquezas materiales, pero hay suficientes testimonios de personas famosas que luego de convertirse en millonarios acabaron hundidas en la miseria debido a sus vicios. Por eso el salmista alega que:

El hombre, como la yerba son sus días, florece como la flor del campo
Que pasó el tiempo por ella y pereció. Y su lugar no la conocerá jamás

Aunque parezca repetitivo lo que decimos es de tan vital importancia que caemos con gusto en la repetición de los issues. Las vivencias de David son las nuestras, las misericordias de que fue objeto también pueden ser nuestras. Nadie puede evitar las enfermedades, calamidades, las malas decisiones, pero afortunadamente podemos reparar lo que hemos roto o lo que nos han quitado, con la ayuda divina.

¿Qué hacer?

1. Llenar nuestra boca de bendiciones
2. Bendecir a Dios no importa lo que nos haya pasado
3. Si usted no es creyente, de cualquier manera las cosas positivas deben prevalecer sobre las negativas

Otras vivencias

Estoy consciente de que es fácil decirlo o escribirlo que practicarlo. Por eso dije que no soy un terapeuta que nació en cuna de oro, que tuve que abrirme paso con los pocos recursos que tenía, que mis padres eran pobres y mi familia numerosa. Peor que eso fue mi condición física de saber que no nací con mis huesos de la cara normales. Pero eso no ha sido una excusa para hundirme en la depresión, o en el alcoholismo, o en un rebelde contra la sociedad. Dios me ha protegido. De eso estoy seguro. Veamos el caso de una niña de cuatro años cuyo padre era alcohólico, la maltrataba y le gritaba. Un día tomó un cuchillo y comenzó a correr por toda la casa buscando hacerle daño. Ella se encerró en el baño y llegó a la conclusión de que todos los hombres eran unos animales salvajes. La niña quedó traumada por el resto de sus días. Lo que realmente me impresionó fue que se casó con un hombre que también era alcohólico y se convenció de su primer argumento de que todos los hombres eran unas bestias. La experiencia anterior, una mujer adulta, la vivió una vecina con su primer compañero. En este caso fue ella la que corrió al abusador con un cuchillo. Desde entonces el hombre aprendió a respetarla.

No hay duda de que son casos extremos pero sabemos que la Buena Noticia puede reparar y sanar las heridas por profundas que sean. No hay razón para inclinarse hacia la desobediencia y el crimen porque dicha conducta invariablemente empeorará las cosas. Las posturas o guiones que adaptamos muchas veces son reforzadas por los que nos rodean. Pero la postura del "En esto pensad" puede convertirse en nuestro mejor aliado.

La vida muchas veces se convierte en un drama de personajes con máscaras, inauténticos y farisaicos. A veces no hay más remedio que interpretar un papel que no nos identifica fielmente. Todos somos capaces de hacer el bien y descubrir que somos capaces de hacer el mal. Una mujer muy religiosa por ejemplo confesó que habría asesinado a su esposo si sus hijos fuero objeto de maltrato sexual. Por fortuna el médico pediatra alegó que los niños estaban bien. La postura religiosa se hubiera sustituido por la de una criminal.

Todos estamos necesitados de caricias, de afecto, de cariño, dentro del círculo familiar y del entorno social. Una sonrisa puede ser la clave para un día de alegría o una mirada de odio puede ocasionar un desbarajuste en esa misma persona. Un abrazo puede estimular nuestras fuentes de serotonina y un rechazo puede convertirnos en un despojo, si lo permitimos. Todos sabemos que un niño no sobrevive sin afectos. Yo pienso que los adultos tampoco. En cualquier edad el afecto y el cariño son básicos para una salud mental robusta. Cuando era un niño recibí la visita de una jovencita con los ojos más hermosos que había visto. Eran negros y profundos como los de una noche despejada. Estoy en una edad de "senior"" y todavía recuerdo aquella mirada tan impresionante. La película, *La segunda oportunidad* ilustra el caso de una niña privada de cariño maternal que vio interrumpido su crecimiento físico por falta de afecto. Los terapeutas lograron descubrir las causas de su estancamiento y con la ayuda de las enfermeras y el personal de turno la infante pudo lograr alcances significativos en su desarrollo físico y mental. ¿Qué nos cuesta sonreír?

A ti, nada, para el que recibe la sonrisa, un mundo. En otra película con el mismo nombre Una segunda oportunidad Maddy Cornell es una jovencita de 12 años que anhela llegar a ser gimnasta profesional, pero carece de estima propia y poca confianza en sus posibilidades son los obstáculos que debe superar para lograr la conquista de sus sueños. La intervención de su entrenadora será vital para que Maddy se convenza de su gran potencial.

Nunca sabremos cuánto bien hacemos a ciertas personas con nuestros comentarios, sonrisas y palmadas en el hombro o cuánto mal con nuestras quejas, mal humor y maltratos. Recuerdo cuando en mis primeros años como profesor me encontré con grupos de estudiantes desobedientes y mal educados. Yo me quejaba por todo. Durante las reuniones con mis compañeros solía estar malhumorado y displicente. Para mi sorpresa uno de mis colegas se afectó tanto con mi conducta que tuvo que tomarse algunos días por enfermedad. Nunca más volví a quejarme de ese modo.

Lo traigo como ilustración del daño que podemos hacer con nuestra actitud negativa, del mismo modo que podemos alentar a alguien con nuestro positivismo.

¿Qué nos cuesta decirle a un hijo que le amamos, que le queremos aunque no sea el más brillante del mundo? Frases tan sencillas como las que siguen son terapéuticas:

Me alegra que seas mi hijo
Me gusta trabajar contigo
Tú eres mi ángel de la guarda

Que feliz me siento a tu lado
Me alegra estar contigo

Frecuentemente los muchachos se quejan de lo siguiente:

Mis padres no me escuchan

Y los padres:

Mis hijos son desobedientes

Las mujeres se quejan:

Mi esposo tiene memoria selectiva

Los jefes:

Se lo he repetido mil veces

Los obreros:

Los jefes viven en otro mundo. No nos escuchan

De ese modo se sigue fomentando la discordia, el resentimiento y el coraje. Los divorcios entre los matrimonios se han vuelto epidémicos. Los ataques brutales contra las escuelas y universidades no tienen parangón.

Alguien reconocido en una comunidad con una conducta intachable de momento aparece con un arma larga disparando contra inocentes. El resentimiento es acumulativo. La clave siempre es la misma. Esa persona carece de afecto, de cariño. Muchas veces necesitamos escuchar y no censurar. Escuchar y no sermonear, escuchar y no acusar.

Ejemplos ilustrativos sobran:

La esposa pregunta al marido:

¿Cuándo llegas a cenar?

El esposo interpreta la aseveración como que le están ordenando, controlando o incluso que lo están despojando de su rol de "jefe". Y reacciona de manera despectiva:

Cuando me dé la gana

De esta manera hacemos sufrir a nuestra compañera con actitudes machistas lejanas a la Buena Noticia. Ésta nos exhorta a tratar a las esposas como vasos más frágiles para amarlas como Cristo amó a la iglesia. La mujer se siente descontada cuanto esto ocurre. En una consulta con una joven esposa me dice que cuando ella sale su esposo, jamás la llama. Cualquiera podría interpretar esta conducta como una confianza explícita, pero ella lo interpreta como que "no le importo mucho".

Nunca debemos de minusvalorar el poder de las palabras. Sirven para edificar o para destruir. Todos lo sabemos, pero continuamos cometiendo errores con nuestra familia y con nuestros semejantes. Por eso es vital que tomemos conciencia de esta realidad. Los sarcasmos, llegan a ser dolorosos:

¡Qué bien te ves con ese vestido!

Cuando queremos decir lo contrario

¡Qué inteligente! Por no decir eres un bruto

O más directamente:

Pareces un arbolito de navidad... al que lleva muchas prendas.

Son vivencias del diario. Todos las experimentamos. Hay espíritus fuertes que resisten las embestidas y se levantan. Pero hay gente débil que simplemente se derrumba. Yo pienso que deberíamos pasarnos al grupo que piensa lo que dice antes de decirlo, para no herir. Nuestro lema debiera ser el de los médicos: lo primero es no hacer daño.

ACABEMOS CON LA INDIFERENCIA

No hay nada más doloroso que la indiferencia. Recuerdo el caso de un seminarista que no aparecía por los pasillos del plantel ni en el salón de almuerzos. Nadie lo extrañaba hasta que días después encontraron su cuerpo en estado de descomposición. ¡Eran seminaristas! Los psicólogos alegan que a veces los niños prefieren las burlas de sus padres a ser descontados.

Insisto en que me molesta la frase: "la salvación es individual". Denota algo así como "allá tú" o "me importa un bledo tu decisión" "después que yo me salve" la irónica frase de Caín: ¿acaso soy guarda de mi hermano? Ser ignorados es como plantarnos en la cara "no existes". Hay padres que toman conciencia de la existencia de sus hijos cuando les dan quejas. Una madre fastidiada por el mal comportamiento del muchacho le espeta eso de que: "deja que venga tu papa". Y cuando éste aparece, suelta la correa y la descarga sobre él o la muchacha sin pena alguna. Ni una caricia ni un beso, el castigo.

Hemos convertido las frases de acomodamiento en rituales que pierden su sentido. ¿Cómo está? y siempre esperamos la misma respuesta: bien ¿y tú? En realidad no se siente demasiado interesado en mi estado de salud. Su interés por mí es mera formalidad. Una familia vive en un mismo espacio y cuando alguno de ellos es operado o se enferma son incapaces de visitarlo. Pero cuando de manera ocasional se ven, preguntan lo mismo: ¡hola! ¿Cómo estás?

La indiferencia se convierte en lo que la Biblia llama despectivamente fariseísmo. El fariseísmo ha pasado a ser sinónimo de hipocresía. Hay que tener cuidado de no confundir la hipocresía con la cortesía. Puedo dar los buenos días sin necesidad de amar a esa persona y no es un requisito para desearle buenos días. Es cuestión de cortesía. Así los buenos días pueden ser una fuente de estímulo para la convivencia social o no decirlo, una mala impresión de mal sabor para quien no recibe respuesta.

LOS MITOS MODERNOS

Los seres humanos no solo representamos papeles en nuestro entorno., sino que también vivimos los mitos modernos. La característica principal de un mito es su carácter universal, es decir, vale para todas las épocas. A veces sin quererlo, somos Hércules, o atlas o Prometeo y Epimeteo. En la adolescencia suele manifestarse con frecuencia el Prometeo de la familia, alguien rebelde, que quiere "robarse" el fuego y llevarlo a otro lado. El fuego podría ser la pasión de su rebeldía. En mi época, mi padre solía amonestarnos con aquello de que el gobernador era nuestro segundo padre. Cuando llegáramos a la edad del voto debíamos hacerlo como él mandaba.

Yo mismo me cuestionaba lo impropio de su intervención en lo privado. Las generaciones modernas van cambiando. Se están independizando del criterio paternal. Pero todavía sucede. La gente suele temerle al cambio. Lo traigo como ejemplo de que a veces adoptamos ciertos roles que nos hacen sufrir e impiden nuestra felicidad. El mito del macho del que hemos hablado, el mito de la superioridad masculina y eso de que la mujer es "para la casa" se resume en la frase que escucho a menudo: "yo lo que quiero es una vieja que me cocine". El mito de que "los hombres no lloran", el mito de que hay razas superiores. Los mitos suelen perpetuarse en las iglesias, la figura de un "profeta", de un "apóstol" de un personaje "santo" que merece pleitesía. Estos roles se toman muy en serio y las personas, la grey, cautivada por los supuestos dones del "santo" que se ha proclamado como "la voz de Dios, es venerado como si fuera Dios mismo.

En una época como la que vivimos, de tanto libertinaje y poco respeto es difícil imaginar a alguien arrodillado frente a un patán autoproclamado profeta. Pero conozco casos patológicos. No sólo casos individuales sino colectivos. Yo mismo estuve en una congregación de fanáticos seguidores de un personaje autoproclamado profeta quien poseía el don de la palabra y llegó a decir que resucitaría después de muerto. Todavía algunos de ellos esperan "el milagro".

Es necesario desarrollar la estima propia, la facultad de cuestionamiento y de respeto propio para conocer los engaños y las mentiras que esclavizan el pensamiento. Nadie puede ser feliz en la esclavitud, ya sea corporal o mental. La Buena Noticia es una noticia de libertad. El llamado es a romper con las cadenas de la alienación, de la subordinación a los mitos y a la falsedad que representan. Algunos pastores y padres protagonizan el mito de Zeus con el rol autoritario que no permite desafíos. La iglesia llamada "oficial" perpetúa a través de un personaje histriónico, a quien llama "su Santidad", el mito de Zeus.

En la política sucede lo mismo. Conocemos casos extremos como el de Hitler, y el de muchos tiranos quienes de forma patológica se abrogan el título de mesías. En la llamada democracia muchos adoptan este mismo rol. La cuestión es ésta: la felicidad que nos depara la Buena Noticia primero nos libera de los mitos, de las creencias infundadas, de los errores y el fanatismo. La Buena Noticia bien entendida es libertadora. En cierta forma científica. Digo científica porque coincide con los "descubrimientos" de la psicología y los patrones que conforman la antropología del ser humano. El triunfador es aquel que es capaz de sacudirse ciertos roles automatizados y vivir de forma auténtica y profunda su humanidad. ¿Cómo coinciden una y otra?

El patrón que estudiamos del "En esto pensad" de Filipenses 4:8 sugiere que todo se da en el pensamiento. Cristo decía que lo importante no es lo que entra al cuerpo sino lo que "sale" del corazón. El corazón no es otra cosa que la mente. El estribillo de Jesús visto: "más yo os digo" es el llamado a sacudir el pensamiento del derrotismo, de la inautenticidad, de la subordinación a los ídolos. Para ser feliz es vital que nos libertemos de los mitos.

No es fácil ser auténtico porque no todos están dispuestos a serlo. Me llega a la mente un verso del poeta José Martí que reza: todo el que lleva la luz se queda solo. A Cristo le costó la vida ser auténtico. Fue crucificado porque lo envidiaban los poderosos de la época en su afán por conservar el liderato, fue crucificado por la dejadez de un gobernador que no quiso reconocer la grandeza de aquel hombre. Fue crucificado pero su muerte lejos de apagar el ímpetu de su poderoso mensaje lo llevó a estadios insospechados cambiando vidas y trayendo sentido a la existencia.

¿Qué hacer?

1. Sacuda los mitos del cerebro y ponga los bíblicos
2. Analice las tradiciones y costumbres para ver si son pertinentes
3. Escuche las prédicas y enseñanzas de las iglesias a la luz de la Biblia

LA FAMILIA ES LA PRIORIDAD

A veces tarda casi una vida comprenderlo, después de madurar, que nuestros hijos están grandes, que nuestras fuerzas han menguado y casi todo nuestro tiempo lo hemos dedicado a los estudios, al trabajo o a ambos. Una pareja de amigos dedicaron casi todo su tiempo al estudio y al trabajo. Su pasión por "superarse" y obtener títulos universitarios los llevó al fracaso de su matrimonio. Yo pensaba que era un matrimonio sólido pero me equivoqué. Afortunadamente sus hijos se criaron con la intervención y ayuda de los abuelos y hoy son buenos profesionales. No todo el mundo cuenta con esta ayuda.

La Biblia es clara en cuanto a nuestra misión con la familia: el que no puede gobernar su casa, ¿cómo puede pretender gobernar la iglesia? (1 Timoteo 3:5). Es una clara referencia al cuidado preferencial que debe tener el hogar incluyendo a la iglesia. Presencié el caso de una amiga que dedicaba la mayor parte de su tiempo a la devoción y en cierta forma descuidó a su marido. En este caso los hijos ya eran mayores de edad. La cosa es que este hombre, muy devoto, buen amigo y padre excelente, terminó suicidándose.

Dedicarles tiempo a nuestros hijos, disfrutarlos en sus tempranas edades, verlos crecer fuertes y saludables es la mejor recompensa que podemos tener por haberlos traído al mundo. Hay psicólogos que piensan que el ser humano no es padre o madre por instinto, que es algo que se aprende y no pocas veces los modelos que tomamos son los de nuestros padres que a su vez los tomaron de los suyos. Yo mismo me sorprendí diciéndoles a mis hijas lo que había escuchado de los míos.

Por eso mi teoría es que los seres humanos nacemos sin amor. El amor se aprende, se desarrolla, crece o mengua de acuerdo con nuestro entorno. Con lo que si nacemos es con egoísmo. Pensamos que el mundo gira a nuestro alrededor. A base de lo que vemos, escuchamos y vemos actuar es que aprendemos los paradigmas para ser padres. Un matrimonio sin hijos no necesariamente deja de ser familia. El esposo puede llegar a ser la más importante familia para la esposa y viceversa. Después de todos los hijos crecen, se van, y los esposos son el uno para el otro nuevamente.

Al tomar conciencia de nuestro rol como padres es que podemos superar los aprendizajes aprendidos que no siempre son los mejores. Esa es la clave. Tomar conciencia, detenernos a pensar si lo que hago es lo correcto, no porque mis padres lo hicieron. Ese "tomar conciencia" puede aplicarse para todo. Dónde pongo mis llaves, el control del televisor, mi cartera, mi reloj. Así evitamos confrontaciones con los seres que amamos. Tomar conciencia de las actividades que realizan nuestros hijos, de las aficiones que les cautivan, hacia dónde se inclinan. A base de constantes observaciones mi hija se ha dado cuenta de que mi nieta se inclina poderosamente hacia la actuación. Mi nieto, criado con esmero en la lectura de la Biblia. parece decidido por el ministerio.

Es posible que después cambien, como sucede a menudo, pero conocer las tendencias es importante para guiarlos por el camino que ellos escojan sin manipulación alguna. Por otro lado hay padres que sienten horror de que sus hijos se conviertan en gay, ya sea hacia la homosexualidad o el lesbianismo. Es un tema controversial y con frecuencia causa traumas y conflictos dentro del seno del hogar. A pesar de que he estudiado con profundidad las Escrituras no pienso que se deba lesionar o pretender cambiar a un hijo que observe estas inclinaciones. Mi deber es cuidarlos de la mejor manera posible ofreciéndoles todo el amor, cariño y comprensión que sea posible, no importa el rol que adopten de adultos.

Los casos de padres que desechan a sus hijos por estos motivos son frecuentes. Escuché de una profesional decir lo siguiente: prefiero que mi hijo salgo mujeriego a que sea homosexual. Ni siquiera apruebo el lenguaje que usó mi compañera de trabajo y menos su forma de tratar el problema. Pienso que a causa del estigma que pesa sobre los "raros", se ha incrementado en nuestros días la persecución contra éstos. Muchas iglesias han fomentado el odio contra dichas comunidades. Pecado o no, nuestro deber como padres es amar, respetar y querer a nuestros hijos no importa su preferencia sexual.

Los que 'odian" a estos seres humanos se colocan en la misma posición ante Dios: si es pecado ser homosexual también es pecado odiar. Como Jesús indicara: El que no tenga pecado que arroje la piedra contra ellos. Por supuesto que la arrojan los inconscientes que no se han percatado de su propia culpabilidad. Como sea, lo que interesa es que la familia debiera ser el lugar de protección, de cuidado, y de complacencia de cualquier hijo.

¿Qué hacer?

1. Libérese del prejuicio, piense por usted mismo
2. Trate cualquier problema de índole sexual con respeto y amor
3. No imite a los prejuiciados por costumbre o tradición
4. Tenga cuidado con los sermones cargados de odio y prejuicio

LIBRES PARA AMAR

Quisiera expresar unas últimas palabras que pueden ser de ayuda a todo aquel que aspire a tener una excelente salud mental y a vivir una vida auténtica y plena en libre comunicación con Dios. Quisiera comenzar mi exposición citando las recientes palabras del actual papa de la iglesia católica salidas en Facebook:

Esta vida se va rápido, no pelees con la gente, no critique tanto su cuerpo, no se queje tanto.

No pierda el sueño con las cuentas, busque la pareja que lo haga feliz, si se equivoca, déjela, y siga buscando su felicidad. Nunca deje de ser un buen padre'.

No se preocupe tanto en comprar lujos y comodidades para su casa., ni se mate dejándole herencia a su familia. Los bienes y patrimonios deben ser ganados por cada uno. No se dedique a acumular plata. Disfrute, viaje, goce de sus paseos, conozca nuevos lugares, dese los gustos que se merece y permita tener los perros más cerca.

No se ponga a guardar las copas. Utilice la nueva vajilla, no economice su perfume favorito. Úsalo para pasear contigo mismo, gaste sus tenis favorito, repita sus ropas favoritas.

¿Y qué? Si no está mal, ¿Por qué no ahora? Por qué no orar en vez de esperar a orar antes de dormir?

¿Por qué no llamar ahora? ¿Por qué no perdonar ahora?

Se espera mucho para la navidad, el viernes, un año más

Cuando se tenga dinero, cuando el amor llega, cuando todo sea perfecto... mire, no existe el todo perfecto.

Los seres humanos no pueden lograr esto porque simplemente no se hizo para completarlo aquí. Aquí es una oportunidad de aprendizaje. Así que tome esta prueba de vida y hágalo ahora.

Ame más, perdone más, abrace más, viva más intensamente y deje el resto en las manos de Dios.

La exposición resume lo que hemos dicho. Falta, a mi juicio, el elemento más importante a considerar: ¿Cómo hacemos esto? El no aprecia la buena noticia del evangelio como el motor para lograr el alcance de la felicidad. El ánimo puede fácilmente ser influido por las circunstancias. Es más fácil decirlo que hacerlo sin la motivación de la buena noticia. Porque es nuestra motivación saber que no estamos solos, que contamos con el respaldo divino, que Él dijo que estaría con nosotros acompañándonos hasta el fin del mundo.

Debemos convencernos de que Dios es real y sus promesas también. Si usted se acostumbra a decir palabrotas cada vez que algo sale mal, su cerebro responderá de forma automática. Acostumbrarnos a pensar de forma positiva, espiritual y bíblica se ajusta al mismo patrón. Dios nos ha dado las herramientas para librarnos de las convenciones, de los errores de las costumbres y de todo aquello que pueda esclavizar nuestro pensamiento. Todo esto tiene un propósito: ser libres para amar.

El amor y la libertad van de la mano. No es posible amar si se está atado al odio. No se puede, si hay amargura, quejas, malestar o remordimiento. El malestar sobreviene cuando nos percatamos de las injusticias, las desigualdades, el egoísmo. Al percatarnos de la Buena Noticia, el malestar desaparece en la medida que hacemos nuestra la lucha por combatirlas.

No se puede olvidar que el mayor de los dones sigue siendo el amor evangélico porque reúne en su esencia todos los otros. No tiene sentido ser sabio si no compartimos esa sabiduría. La sabiduría no hace mejor persona a un ladrón, sólo lo hace mejor ladrón. El amor libera y la libertad nos hace personas auténticas.

El sistema basado en el capital ejerce una enorme presión sobre nuestra mentalidad haciéndonos creer que el lujo y el lucro nos garantizan la felicidad. No hay nada malo en querer vivir cómodamente, pero si esto se convierte en una obsesión, entonces aparecen los vicios de la envidia, el mal carácter y el disgusto. Hay que huir o desechar todo aquello que pueda atarnos, o esclavizarnos.

Hay hijos que comprometen el futuro de sus padres ya sea por holgazanería, porque no han sabido manejar bien sus finanzas o porque desean más allá de sus posibilidades. Les crean conflictos psicológicos para hacerlos sentir culpables. Debemos hacerles entender que ellos deben procurarse su destino como sus padres lo hicieron. La vida es como es y aunque no soy tan ingenuo como para pensar que todo depende de nuestra voluntad, muchas de nuestras decisiones son decisivas para lograr nuestras metas. Cuando leo la historia de Walt Disney me entusiasma su perseverancia, su desempeño y voluntad para continuar adelante a pesar de los obstáculos que encontró en su trayectoria. Él tenía un sueño y fue tras él. Los hombres de genio, los que han logrado grandes avances en las artes y las ciencias, no creían en la derrota.

El consejo de Francisco sobre viajar y disfrutar mi esposa y yo lo tomamos en serio. Dios nos ha dado la oportunidad de viajar por Europa y visitar algunos de los sitios más hermosos del planeta. También visitamos Inglaterra y otros lugares. Ahorrando un poco y con la bendición de Dios fuimos a México, Costa Rica, Colombia, Perú y las islas del Caribe. También hemos visitado Estados Unidos con frecuencia. Es cuestión de no gastar en lo que no es necesario y dando prioridad a lo básico. Hay personas que se aficionan al alcohol, a las drogas, o a los autos. Gastan su dinero en fruslerías hipotecando su salud y su futuro.

Nosotros no tenemos que sacar la "vajilla de plata" simplemente porque no la tenemos ni nos hace falta. Quien la tenga que la disfrute y sobre todo que no la guarde como un lujo. Sería irresponsable endeudarse para viajar o gastarlo todo quedándose en la inopia. Es necesario tener un buen plan médico y evitar enfermarnos tomando las medidas cautelares para que no ocurra. Debemos ejercitarnos, comiendo orgánico y teniendo la actitud positiva que hemos enfatizado. Nada perturba más la felicidad que perder la salud. Nada nos pone más tristes que sentirnos enfermos. La palabra salud no solo evoca una condición de bienestar corporal sino la salvación del alma. Como sea, para ser feliz es vital estar saludable. Como decía el consejo griego: mente sana en cuerpo sano. Por favor no fume, ni ingiera alcohol, no se conforme con el ocio, ejercítese, asista a una iglesia cuyo centro sea Jesucristo. Tome vitaminas adecuadas, evite engordar, y sea positivo.

Recuerde que el estrés es tan malo como cualquier vicio. El estrés está directamente relacionado con la obesidad, enfermedades crónicas, la diabetes y el cáncer. Debemos procurar respirar hondo, dormir bien y suficiente, enfrentar los problemas lo más rápido posible para evitar la ansiedad o la angustia. Ser positivo debe convertirse en un hábito. Aprovechar el momento o carpe diem fue el ideal de los escritores del siglo de oro español. Es cierto que debemos aprovechar el momento como alega el papa Francisco, pero teniendo mucha cautela y siempre pidiendo dirección a Dios mediante la oración. No hay que precipitarse o detenerse.

Para una relación matrimonial satisfactoria:

Ame más, perdone más, abrace más, viva más intensamente y deje el resto en las manos de Dios.

Es el consejo de la buena vibra. Siga adelante con entusiasmo, con alegría, y no deje que nada le perturbe, porque nada vale la pena por sus lágrimas, excepto Jesucristo. Al cerebro hay que educarlo y habituarse a los buenos pensamientos, a las palabras sanas, al entusiasmo, al rechazo de todo aquello que atente contra su bienestar. No se junte con los pesimistas, con la gente de mal carácter, con los tóxicos. Escuche buena música, películas edificantes, lea libros que estimulen su fe y positivismo. Leer la Biblia es imprescindible, especialmente el Nuevo Testamento para saber cómo pensaba Jesús, el dador de la vida. Haga de Gálatas 5:22-23 su práctica constante y verá que definitivamente vale la pena vivir.

Made in the USA
Middletown, DE
19 January 2021

32001168R00132